南开金融发展报告

非常态的中国金融和资本市场改革

田利辉 等著

南開大學出版社

天 津

图书在版编目(CIP)数据

非常态的中国金融和资本市场改革 / 田利辉等著
. —天津：南开大学出版社，2019.5
ISBN 978-7-310-05798-6

Ⅰ. ①非… Ⅱ. ①田… Ⅲ. ①金融市场－市场改革－研究－中国 Ⅳ. ①F832.1

中国版本图书馆 CIP 数据核字(2019)第 086502 号

南开大学出版社出版发行

出版人：刘运峰

地址：天津市南开区卫津路 94 号　　邮政编码：300071

营销部电话：(022)23508339　23500755

营销部传真：(022)23508542　　邮购部电话：(022)60266518

*

北京建宏印刷有限公司印刷

全国各地新华书店经销

*

2019 年 5 月第 1 版　　2019 年 5 月第 1 次印刷

230×170 毫米　16 开本　14 印张　2 插页　194 千字

定价：78.00 元

如遇图书印装质量问题，请与本社营销部联系调换，电话：(022)23507125

　　本书是国家自然科学基金国际项目"可持续增长目标下的中国金融制度研究"（7161101131），国家社会科学基金重大课题"中国特色社会主义金融学的理论创新和实践探索"（17ZDA071），中央高校基本科研业务费专项（189/63192314），天津市"131"创新型人才团队和南开大学百青经费的研究成果。

序

习近平指出，"金融活，经济活；金融稳，经济稳。经济兴，金融兴；经济强，金融强。"金融是中国经济发展的重要环节，有效发挥金融的核心作用，是关系社会经济发展全局的重要因素。然而，2015年股灾之后，2018年的中美贸易战带来股市加剧下行，股票质押等金融工具形成了严峻的市场风险。供给侧改革亟需降低融资成本，但是我国债券市场的发展尚且任重道远。我国实体经济的发展，需要资本市场实现优化资源的作用，但是石油、铁矿石等大宗商品定价权难以掌控，我国大宗商品市场效率亟需提高。兼具居住和投资价值的房地产对于中国金融市场和经济发展影响巨大。同业拆借市场等也曾经出现非常态金融改革。银行坏账会否卷土重来？我国是否会形成系统性金融风险？

本书回顾2018年的中国金融市场情形，总结近年来中国金融市场发展的路径，具体分析了当前中国金融市场的问题所在。在股票质押业务、资产证券化、资产管理、数字货币、互联网金融和科创板等具体问题上提出改革建议。几孔之见，可现全景；几叶飘零，当知秋至。本书虽篇幅有限，无意形成宏大的框架，但力图勾勒中国金融全景，讨论中国金融供给侧改革的具体抓手，为中国金融发展提供学者视角的一些建议。

在本书编写的过程中，我们参考了大量的文献资料，在此向这些作者致以谢意。希望本书中的观点和论据能够对广大学者、学子以及金融从业人员有所裨益，也真诚欢迎使用本书的师生、学者、金融从业、监管人员提出意见，共同推动中国金融业的稳定健康发展。

"长风破浪会有时，直挂云帆济沧海"，中国金融发展在经历了金融管制、金融自由化等历程中，正在实现适度监管，形成适合新常态经济的新常态金融，形成适合社会主义经济的社会主义金融，从而让中国金融成为中国国家的核心竞争力。

田利辉

金融学教授、执业律师

2019 年 4 月

目　录

图目录

表目录

一、金融发展的现状与问题

（一）股票市场

我国股市有两个重要特点，即波动剧烈、齐涨共跌。波动剧烈体现了我国"政策市"的特点，齐涨共跌反映出系统性风险占比大。股市如此大幅波动，尤其是大幅下跌，会从各个层面增加金融体系的风险；而股市的暴涨也会使泡沫迅速积累，不合理的高位股价会增大泡沫破灭的可能。对于现今的经济金融形势，我们需要一个健康向上的"慢牛"来实现"软着陆"。基于此，我们在探究原因的基础之上给出了相关的政策建议。

1. 股票市场波动性

波动性是指价格非预期变化的趋势，或者指收益的不确定性或不可预测性。马德哈万（Madhavan，1992）把波动性定义为"价格的变化"。格伦（Glen，1994）把波动性定义为"价格变化的频率和幅度"，并认为流动性高且有效的市场波动性低于流动性差和无效的市场。

波动性是衡量股票市场的质量和效率的重要指标。我国股市作为新兴股票市场，股市的平均波动值远大于国际成熟股市，而且股市暴涨暴跌频率、幅度、持续期均远高于发达市场。巨大的波动性带来巨大的风险，股市波动性风险不仅给金融市场，也给实体经济造成困扰。

2. 我国股票市场波动的历史总结与现状分析

2.1　我国股市波动现状

根据定义，股票内在价值是反映公司预期未来现金流折现的价值。由于一个公司未来前景的不确定性以及折现率的选择问题，股票价格往往处于偏离其内在价值的状态，这样随着股市的买卖，股价就会上下波动。正是这种波动吸引了大量资金进入股票市场，这也是股市魅力之所在。

一般来说，股价波动包含两方面因素：一是系统性因素，例如国际形势变化、宏观经济走势和政府政策调整等；二是特异性因素，例如行业行情变化或公司层面的个股特殊性造成的价格涨跌。纵观我国股市发展历程，从风险来看，尽管股价波动受系统性波动的影响越来越小，但历次疯涨或断崖式下跌，其表现完全无法从个体来解释，而且齐涨共跌现象也说明股市的系统性风险占比较大。图 1.1.1 显示了我国股市近 10 年波动状况。

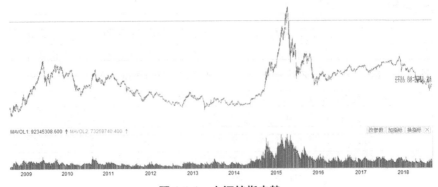

图 1.1.1　上证综指走势

资料来源：Wind。

如表 1.1.1 所示，我们考察近 10 年上证综指的变化。我们可以将这段时间的综指分为 6 个阶段，具体从涨跌幅、涨跌次数、平均间隔天数来考察股市波动情况。

表 1.1.1　上证综指波动情况分析

时间	描述（涨跌幅、涨跌次数、平均间隔天数）
2008-11-05—2009-08-04（回暖，1760.1 点上升至 3471.44 点）	184 天涨幅为 97%，其中出现一个波峰。共 3 次日涨幅超过 5%，4 次超过 4%；2 次日跌幅超过 5%，5 次超过 4%；平均 46 天出现一次大涨，37 天出现一次大跌，20 天出现一次大幅波动
2009-08-05—2013-06-27（4 年漫长熊市，3428.5 点缓慢下降至 1950.01 点）	经济增速放缓，942 天跌幅为 43%，其中共 10 次小波峰。没有一次日涨幅超过 5%，5 次超过 4%；5 次日跌幅超过 5%，10 次超过 4%；平均 188 天出现一次大涨，94 天出现一次大跌，63 天出现一次大幅波动
2013-06-28—2015-06-12（大牛市，1979.21 点疯涨至 5166.35 点）	479 天涨幅为 160%，其中出现两个小波峰。没有一次日涨幅超过 5%，3 次超过 4%；3 次日跌幅超过 5%，4 次超过 4%；平均 160 天出现一次大涨，120 天出现一次大跌，68 天出现一次大幅波动
2015-06-15—2016-01-28（股灾，5062.99 点跌至 2655.66 点）	155 天跌幅达 47.6%，其中出现三个波峰。共 3 次日涨幅超过 5%，8 次超过 4%；14 次日跌幅超过 5%，15 次超过 4%；平均 19 天出现一次大涨，10 天出现一次大跌，7 天出现一次大幅波动
2016-01-29—2018-01-26（慢牛，2737.60 点缓慢上升至 3558.13 点）	488 天涨幅达 30%，其中出现六个小波峰。没有一次日涨幅超过 5%，1 次超过 4%；1 次日跌幅超过 5%，1 次超过 4%；平均 488 天出现一次大涨，488 天出现一次大跌，488 天出现一次大幅波动
2018-01-29—2018-11-06（股灾，3523 点快速下跌至 2659.36 点）	186 天跌幅达 25%，其中出现四个小波峰。没有一次日涨幅超过 5%，1 次超过 4%；1 次日跌幅超过 5%，2 次超过 4%；平均 186 天出现一次大涨，93 天出现一次大跌，62 天出现一次大幅波动

资料来源：笔者根据相关资料整理。

从这些数据可以看出，近 10 年我国股市有两个特点：股价指数波动幅度较大，但逐步趋缓；股价指数波动频率较高，但逐步趋低。

2.2　部分国家或地区股市波动情况

与其他国家或地区相比，我国股市齐涨齐跌的比例普遍高于其他成熟市场，如表 1.1.2。

表 1.1.2　部分国家或地区股市波动情况

国家或地区	同向涨跌股票比例（%）	国家或地区	同向涨跌股票比例（%）
美国	57.9	中国上海	81.2
加拿大	58.3	中国台湾	76.3
法国	59.2	韩国	70.3
德国	61.1	马来西亚	75.4
澳大利亚	61.4	墨西哥	71.2
英国	63.1	印度	69.5
意大利	66.6	秘鲁	70.5
日本	67.2	南非	67.2
中国香港	67.8	捷克	69.1

资料来源：Morck, Randall, Betnard Yeung and Wayne Yu. The Information Content of Stock Market: Why Do Emerging Markets Have Synchronous Price Movements? Journal of Financial Economics，58，No.1，Oct.2000.

表 1.1.3 和表 1.1.4 为上证综指日收益率与纽约证交所综合指数日收益率的各项统计特征指数。

表 1.1.3　上证综指日收益率

起止时间	样本数	均值	标准差	偏度	峰度
2008-11-05—2010-11-04	486	0.00138	0.018	-0.29	1.65
2010-11-05—2012-11-02	487	-0.00071	0.012	-0.16	1.40
2012-11-05—2014-11-04	483	0.00034	0.010	-0.07	2.50
2014-11-05—2016-11-04	489	0.00073	0.021	-0.98	3.09
2016-11-07—2018-11-06	489	-0.00029	0.009	-0.70	4.73

资料来源：Wind。

表 1.1.4   纽约证交所综合指数日收益率

起止时间	样本数	均值	标准差	偏度	峰度
2008-11-05—2010-11-04	504	0.00059	0.019	-0.22	3.13
2010-11-05—2012-11-02	502	0.00019	0.013	-0.41	3.90
2012-11-05—2014-11-04	504	0.00056	0.007	-0.52	1.19
2014-11-05—2016-11-04	505	-0.00005	0.009	-0.36	1.80
2016-11-07—2018-11-06	504	0.00040	0.006	-1.18	5.84

资料来源：Wind。

分析以上统计数据，在选样时间段初期，二者各项数值差别不大。究其原因，我国金融市场开放程度较低，政策上尽力维持股市稳定，尽管也遭受了金融危机的巨大冲击，但相比美国，股指下跌幅度较小。随着美国金融市场恢复稳定，从 2012 年往后可以看出，我国股市波动的标准差逐渐增大，而纽交所综指趋于稳定，峰度上也存在反转的情况，表明最近几年我国股市日收益率的极端值增多，波动开始变得剧烈且频繁。在我国经济逐步呈现下行趋势的时候，股市的这种波动态势会给金融乃至实体经济带来巨大风险。

首先，我国股市波动频率高、幅度大，股票交易市场投机功能明显，进一步导致微观金融资源配置效率低下；其次，我国股市熊市较多，持续时间较长，导致股市的资金形成机制弱化，不利于促进经济发展。虽然目前我国股市规模较小，且银行的国有形式以及政府政策行为的主导作用使得股市的暴跌对实体经济的影响没有明显化，但它的负面影响是不容忽视的。随着股市规模的逐渐扩大、市场经济的不断完善，股市的风险因素对实体经济的影响会越来越大。

3. 影响我国股市波动性的原因

3.1   股市供给失衡（IPO）

我国股票的发行上市都处于严格的行政控制之中，而且发行审核往往需要根据市场上股价指数的高低来确定市场扩容的规模和节奏，在股市低迷时限制新股发行上市，在股市高涨时又进行过度扩容，上市额度的控制使得股市难以达到供求平衡，人为造成股价的巨大波动。

3.2　政策效应明显

中国股票市场有着明显的"政策市"的特点，使得股市齐涨共跌情况常见。政府通过经济手段、行政手段进行干预，一方面有利于严控金融风险，但另一方面也是造成我国股市波动幅度大的原因之一。

3.3　上市公司质量与投资者水平参差不齐

相比机构投资者，中小股民缺乏获取信息的渠道，也没有分析信息的能力，时间成本也较大，投资者"跟风"或"跟庄"成为次优选择，也造成所谓的"羊群效应"，放大了股市的波动。

3.4　监管体系不健全

虽然我国对股票发行上市等的审核较为严格，但并不代表我们的监管体系是健全的。对影响股市健康稳定的众多因素，我们目前还缺乏切实有效的监管，需要进一步完善监管体系，例如对市场庄家的监管、对金融创新的监管都有待完善，对违规行为的惩处有待加强等。

4. 股市异常波动影响

4.1　消费端

从消费端来看，股票市场主要通过流动性效应和财富效应来影响人们的消费需求。莫迪利安尼的生命周期理论表明，消费者持有的金融资产数量直接影响消费者资产负债状况，股市一直持续相对稳定增长，不但会给投资者带来相当丰厚的红利，还会直接导致投资者金融财富的增加。然而一旦股市波动剧烈，这些财富就都会面临大幅缩水的风险，而且绝大多数中小投资者在大跌时都处于被套牢状态，个人财富流动性急剧缩水。一方面，投资者损失惨重会给市场带来负面情绪，甚至影响社会安定；另一方面，财富减少会引致消费端的萎缩，一旦形成负循环，极易使经济陷入衰退。

4.2　投融资端

股市波动巨大，股价偏离基本面，这都说明企业融资渠道不畅通，股价的暴涨暴跌容易引发资金流动困难。投资方面，结构不完善的股市投机成分居多，引发股价大幅波动，而这种暴涨暴跌也限制了股票市场融资作用的发挥，同样容易形成负循环，造成股市的虚假繁荣。

4.3　货币市场

股票市场是经济的晴雨表，股市的异常波动会使资源得不到有效配置。一方面会影响国家货币政策的制定以及政策效果的传播；另一方面会破坏银行资产负债表的平衡，使银行的信贷需求管理难度加大，容易导致银行不良资产攀升，或者误导资金流向，削弱信贷政策对实体经济的支持力度，不利于实体经济发展。

4.4　国际金融

股市高涨时期，逐利性的外资大量涌入，这些外资敏感性极强，一旦股市有风吹草动，就会大举撤离，从而对固定汇率制度产生冲击。若此时外汇储备不足，固定汇率制度可能面临瓦解，进而可能引发货币危机。

案例：2015 年我国股灾及政府干预

（1）事件过程

以下对 2015 年股灾及政府干预情况进行说明，以展现我国股市波动性特点及政府干预在股市中发挥的双重作用。2014 年 7 月至 2015 年 6 月 12 日，上证综指上升 152%，暴涨过后随即迎来三波大跌，上证综指累计下跌 49%。表 1.1.5 列出了 2015 年我国政府救市措施。

表 1.1.5 我国政府救市措施

时间	部门	政策	市场反应
6.27	央行	降准降息	股市继续下跌
6.29	财政部、人力资源和社会保障部	养老金入市办法征求意见	上证综指从 6 月 15 日起一路暴跌，到 7 月 3 日收盘，股指跌幅已经将近 30%
6.29	证监会	改变强制平仓线，发文喊话	
7.2	国务院	李克强总理喊话	
7.4	证券业协会	21 家证券公司决定共同出资 1200 亿元投资蓝筹股 ETF	政策效果不明显，大盘仍然未有起色，两市个股表现仍依赖于政策托市
7.4	国务院	暂停 IPO	
7.5	证监会	宣布央行对证金公司提供无限流动性	
7.6	央行	确认证监会 5 日公告	
7.8	国资委	要求国有金融企业和其他央企不得减持	
7.8	证监会	宣布将加大对中小市值股票的购买力度	
7.9	证金公司	再度提高中证 500 期货保证金至 30%	大盘大幅反弹
7.9	证监会	要求上市公司送利好	
8.3	沪深证交所	将融券业务从原来的 T+0 调整为 T+1	震荡市，对救市政策退出的担忧导致股指下跌
8.22	证监会	第一轮违规减持案件审查完毕	8 月 18 日，股市再次暴跌，8 月 26 日后，股市企稳回升，进入震荡阶段
8.24	中共中央、国务院	《关于深化国有企业改革的指导意见》印发	
8.26	央行	降准降息	
9.18	证监会	第二轮违规减持案件审查结束	
10.9	证监会	加强了对程序化交易的监管	

资料来源：笔者根据相关资料整理。

（2）案例分析

首先，此次股灾的原因是多方面的，在股市波动过程中，虽然2600点左右企稳是市场自发的结果，但政府救市确实减缓了下跌速度。虽然我国"政策市"特征明显，但对于不完善的市场来说，政府的适度干预是有效率的，也有利于防范系统性金融风险。

其次，政府干预的根本目的在于阻断股市异常波动后导致的金融市场负面循环，防止由于股市波动引起其他市场剧烈波动，以保证经济稳定和市场流动性。事实证明，政府救市确实能够起到立竿见影的效果，但是股市的健康发展需要长期深层次的治本措施，而我国政府的干预行为也可以采取更市场化的方式。

最后，从此次大型股灾中可以看出，我国股市波动性很强，对投资者危害十分巨大，应该尽快完善制度建设，健全我国股市。

5. 防控波动性风险的政策建议

针对我国股市特点，政府应当渐进式地退出股市干预，同时推进实行注册制，加速"一行三会"的改革，实现各平台间信息无阻流通，明确各方职责，在对市场风险防控的工作进程中彼此互助。

5.1 健全股市结构，优化投资主体

我国股市波动的系统性风险较大，未来为了防止继续频繁剧烈波动，防范可能引发的金融危机，必须着手推进股市结构改革，发挥股市配置资金的作用。首先，针对股市的政策制度要保持稳定、实事求是，确立市场定价机制，减少无谓的行政干预。其次，要完善股市制度建设，有利的制度需要继续推进，例如做空制度和退市制度，只要风险在可控水平，这些制度可以更好地通过市场力量缓和股市波动。最后，广大投资者要提高自身素质，以正确的眼光看待股市涨跌；同时政府可以间接地增加机构投资者占比，加大机构投资者示范效应，这样有利于减少股市大幅波动。

5.2　完善监管与法律体系，稳步推进创新

在当前金融稳定局面受到考验的局势下，我们应放缓金融自由化的进程，减少包含巨大风险的金融创新。最近几年银行理财业务快速膨胀，表外业务游离于银行监管之外，资金源源不断进入股市，加剧了中国金融"脱实向虚"的程度。所以，完善对"影子银行"的监管尤为重要，证监会和银监会应联合监管，截断银行资金进入股市的通道，规范表外业务，消除潜在金融隐患。

针对一些市场影响恶劣的不法行为，如内幕交易、操纵市场和虚假信息披露等，应加大打击力度，同时加大宣传力度，形成震慑效果，大幅提高违法违规成本。要加强对券商混业经营的监管，以控制风险为目标，加强对券商各种服务如融资融券业务的监管。

5.3　提高上市公司质量，逐步打破隐性担保

提高上市公司质量，除了加大惩处力度之外，还需要从上市端完善信息披露制度的建设，在没有建设好注册制所需条件时，更需要证监会加强对上市公司的约束，从源头上控制股票质量。此外，政府应引导市场逐步回归理性，选择系统性影响较小的领域和产品，逐步稳妥地打破隐性担保，实现金融产品市场化定价。

（二）债券市场

1. 我国债券市场概况

1981 年，我国恢复发行国债。经过 30 多年的发展，债券品种越来越多（参见表 1.2.1），机构投资者数量不断增长，范围也不断扩大，丰富了投资者的结构。截止到 2018 年 10 月末，机构投资者数量已达 20196家。债券市场的境外投资人包括：境外央行或货币政策部门、人民币清算行、跨境贸易人民币结算境外参加行、参加跨境服务贸易试点的其他境外金融机构、合格境外机构投资者（QFII）、人民币合格境外机构投资

者（RQFII）。

表 1.2.1　我国债券品种创新演变

年份	政府信用债券	金融债券	企业信用债券
1981	国债		
1984			企业债
1985		特种贷款金融债	
1992			城投债
1996	贴现国债、央行融资券		
1997		政策性银行债、特种金融债	
2001		非银行金融机构债	
2002	央行票据		
2003		境内美元债	中小企业集合债
2004	凭证式国债（电子记账）	商业银行次级债	
2005		券商短期融资券、国际机构债（熊猫债）	短期融资券、信贷资产支持证券、券商资产支持证券
2006	储蓄国债		可转债
2007	特别国债		公司债
2008			中期票据
2009	地方政府债		中小企业集合票据
2010	政府支持机构债		
2011		商业银行普通债券	非公开定向债务融资工具
2012			中小企业私募债
2013		同业存单	可续期债券
2014		证券公司短期公司债券、保险公司次级债	永续中期票据、项目收益债、项目收益票据
2015	定向承销地方政府债	大额存单、专项金融债	
2016		绿色金融债券	绿色企业债券、"双创"公司债
2017			绿色资产支持票据、境外企业绿色熊猫债、扶贫专项公司债券、精准扶贫资产证券化

资料来源：笔者根据相关资料整理。

我国债券市场的主要交易场所有：银行间债券市场、交易所债券市场和商业银行柜台市场。银行间债券市场是中国债券市场的主体。

目前，我国的债券品种包括：

政府债券，包括国债和地方政府债券。其中，地方政府债券又分为一般债券和专项债券。

政府支持机构债券，包括铁道债券和中央汇金债券。

金融债券，包括政策性金融债券、商业银行债券、非银行金融债券。

企业信用债券，包括企业债券、非金融企业债务融资工具、公司债券、可转换公司债券、中小企业私募债券。其中，企业债券包括中小企业集合债券、项目收益债券、可续期债券。非金融企业债务融资工具包括短期融资券、超短期融资券、中期票据、中小企业集合票据、非公开定向债务融资工具、资产支持票据、项目收益票据和可续期债券。

资产支持证券，包括信贷资产支持证券和企业资产支持证券。

除上述债券品种以外，还有中央银行票据、同业存单、熊猫债券和绿色债券、扶贫专项债券等。

我国债券市场分为一级市场和二级市场。一级市场是债券发行的市场，是发行单位初次出售新债券的市场。二级市场是已发行的债券流通的市场。债券流通市场可进一步分为场内交易市场和场外交易市场。在证券交易所内买卖债券所形成的市场，就是场内交易市场。场外交易市场是在证券交易所以外进行证券交易的市场，其中银行间市场是最大的场外债券市场：2017年共发行债券40.80万亿元，其中，银行间债券市场发行债券33.14万亿元，占比81.23%；2017年现券交易共99.26万亿元，同比下降20.61%，其中，银行间债券市场现券交易97.72万亿元，同比下降21.05%；债券市场回购交易总量为874.39万亿元，较上年增长5.3%，其中，银行间回购市场累计成交616.25万亿元，较上年增长2.81%。

（1）一级市场情况

如图1.2.1所示，2017年债券市场发行各类债券规模达40.80万亿元，较上年增长12.24%。其中，银行间债券市场发行33.14万亿元，同比增长18.78%。2017年，国债发行4.00万亿元，同比增长30.61%；地方政府债券发行 4.36 万亿元，同比下降 27.92%；国家开发银行、中国进出口银行和中国农业发展银行发行 3.28 万亿元，同比下降 2.03%；政府支持机构发行 2460 亿元，同比增长 75.71%；商业银行债、商业银行次级债、保险公司债、证券公司债、证券公司短期融资券、其他金融机构债共发行 1.67 万亿元，同比增长 31.00%；资产支持证券发行 1.47 亿元，同比增长 67.15%；同业存单发行 20.17 万亿元，同比增长 54.88%；另外，公司债发行 1.10 万亿元，同比下降 60.25%；企业债发行 3730.95 万亿元，同比下降 37.04%。

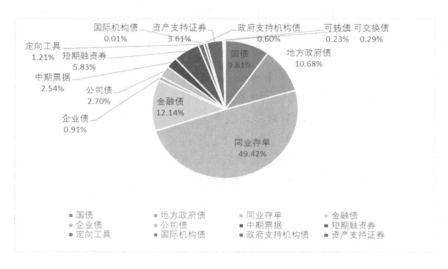

图 1.2.1　2017 年债券市场各券种发行结构

资料来源：Wind。

　　如图 1.2.2 所示，2015 年以来，Shibor 利率经历了先下降，保持平稳，再上升的趋势，并在 2018 年有所下降。同期中债—银行间国债净价（1—3 年）指数收盘价呈相反走势，即先上升，保持平稳，再下降的趋势，并在 2018 年有所上升。Shibor 利率和银行间国债指数走势之间的对比充分体现了市场利率和国债价格的反向关系。

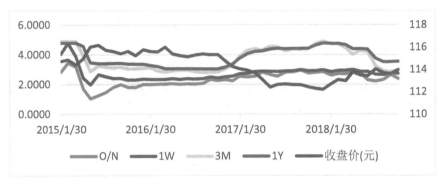

图 1.2.2   2015—2018 年 Shibor 和中债—银行间国债净价（1—3 年）指数走势

资料来源：Wind。

注：上海银行间同业拆放利率，Shanghai Interbank Offered Rate，以下简称 Shibor 利率。

如图 1.2.3 所示，2017 年一季度 Shibor 各期限利率大幅上行，二季度增速放缓，三季度运行较为平稳，四季度再现上扬趋势。具体来看，隔夜和 7 日 Shibor 利率涨幅显著低于较长期限 Shibor 利率。截至 2017 年末，隔夜 Shibor 利率较年初上涨 63 基点，7 日 Shibor 利率较年初上涨 37 基点，而 3 个月 Shibor 利率较年初涨幅超 100 基点。与之对应，一季度国债价格大幅下降，二季度降幅放缓，三季度指数较为平稳，四季度再现下降趋势。债券发行量及社会总融资额如图 1.2.4 所示。

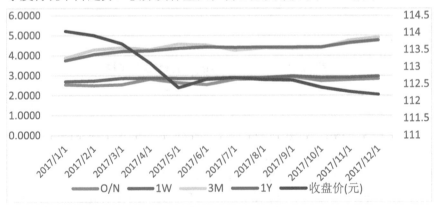

图 1.2.3   2017 年 Shibor 和中债—银行间国债净价（1—3 年）指数走势

资料来源：Wind。

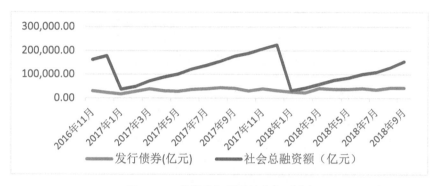

图 1.2.4　债券发行量及社会总融资额

资料来源：Wind。

（2）二级市场情况

2017 年，银行间市场信用拆借、回购交易成交总量 695.19 万亿元，同比下降 0.01%。其中，同业拆借累计成交 78.93 万亿元，同比下降 17.62%；回购累计成交 616.25 万亿元，同比增长 2.81%。

2017 年，全国债券市场现券交易量为 99.26 万亿元，同比下降 20.61%；其中，银行间债券市场现券交易 97.72 万亿元，同比下降 21.05%。上海证券交易所现券交易 7399.41 亿元，同比下降 9.82%；深圳证券交易所现券交易 7975.1 亿元，同比增长 84.94%。

2017 年，从债券市场现券交易的券种结构来看，同业存单占比最高，交易量达 35.83 万亿元，同比上升 82.43%；其次是政策性银行债，交易量达 31.77 万亿元，但同比下降 42.54%；国债现券交易量 11.93 万亿元，同比下降 4.42%。信用债中，短期融资券、中期票据、超短期融资券和企业债券交易量较大，短期融资券交易量 6.47 万亿元，同比下降 53.91%；中期票据交易量 6.32 万亿元，同比下降 42.87%；超短期融资券交易量 5.01 万亿元，同比下降 49.28%；企业债券全年交易量 2.65 万亿元，同比下降 63.42%。

在现券交易和同业拆借规模均较上年缩小时，2017 年债券回购市场交易规模持续扩大，全国债券市场回购交易总量为 874.39 万亿元，较上年增长 5.3%。银行间回购市场累计成交 616.25 万亿元，较上年增长 2.81%。上海证券交易所和深圳证券交易所市场回购交易量分别达到 240.82 万亿元和 17.32 万亿元，分别较上年增长 10.62%和 30.73%。

2. 我国债券市场的发展

（1）债券品种创新

2017 年，绿色债券的年度"成绩单"十分出色，不仅品种创新，而且规模增长较快。2017 年债市首次出现大气污染防治绿色债券、绿色资产支持票据、境外企业绿色熊猫债、轨道交通行业的绿色资产证券化项目和绿色短期融资券等券种。同时，首只绿色债券指数型理财产品成立，首次在柜台市场面向个人投资者发售绿色金融债券。这一系列产品创新丰富了绿色金融产品，拓宽了公众投资绿色债券的渠道。

2017 年全年我国在境内和境外累计发行绿色债券（包括绿色债券与绿色资产支持证券）185 只，规模达 2772.8 亿元。相比 2016 年的 83 只 2095.2 亿元，不仅发行只数大涨 122.9%，规模也增加了 32.3%。

扶贫债券发行规模和品种增加。2017 年，首笔银行间市场扶贫债券、首单扶贫中期票据、首期易地扶贫搬迁专项柜台债券、首单国家级贫困县精准扶贫资产证券化项目、首单扶贫专项债券相继成功发行。

（2）债券市场进一步开放

2017 年 7 月 3 日，中国内地与香港债券市场互联互通合作（简称"债券通"）正式上线试运行。"债券通"是指境内外投资者通过香港与内地债券市场基础设施机构连接，买卖两个市场交易流通债券的机制安排。此次上线试运行的是"北向通"。债券通初期先开通北向通，即中国香港及其他国家或地区的境外投资者（以下简称境外投资者），经由中国香港与内地基础设施机构之间在交易、托管、结算等方面互联互通的机制安排，投资于内地银行间债券市场。北向通是债券通的第一步，将为内地债券市场带来资金流入。截止到 2018 年 9 月底，北向通带来的上清所境外持有量 2467.00 亿元，中央结算公司境外持有量 14423.00 亿元，合计 16890.00 亿元。2018 年 9 月份共交易 472 笔，交易量 647.81 亿元，日均交易量 30.85 亿元。

　　2017 年 3 月 1 日，彭博发布"全球综合+中国指数"以及"新兴市场本地货币政府债券+中国指数"，中国债券首次被纳入全球指数系列。2017 年 6 月 30 日花旗发布"花旗中国债券指数"及"花旗中国银行间债券指数"，同时从 2017 年 7 月起将中国纳入"花旗世界国债指数—扩展市场"。这对于我国债券市场对外开放具有重要意义，表明我国债券市场对世界债券市场的影响力越来越大，同时有助于吸引外国投资者的积极参与。

　　我国债券市场的对外开放不仅为我国市场解决了部分资金短缺问题，引入了成熟的机构投资者和先进的风险管理方法来为我国经济增长助力，而且债券市场国际化还使得我国市场与国际市场的联系更为紧密——其他市场的波动也会对我国市场造成影响。如果我国市场不景气，同时国际市场再出现巨大波动，就很容易造成"内忧外患"的局面，加剧我国市场的窘境。因此，我国需要提高风险防控的能力，以免频繁、显著地受国际市场波动性影响。

　　（3）信用风险仍然突出

　　如表 1.2.2 所示，2014 年起，我国债券市场打破了刚性兑付，年内共发生 6 只债券违约。2015 年以来，我国实体经济较为低迷，过剩产能的出清加速，信用债违约事件增多，而且信用债违约主体从民企扩大到国企，品种从公司债扩大至中期票据和短期融资券。尤其是 2016 年，信用债违约事件共 78 只。 2017 年信用债违约规模减少，全年债市违约事件共涉及 21 家发行企业的 51 只债券，违约规模为 384.95 亿元，违约债券只数同比下降 34.62%，违约规模同比略有下降。违约债券券种增加，在违约债券中出现了定向工具，违约主体集中度有所提高，企业发行债券出现集中连环违约。

表 1.2.2　2014 年以来我国信用债违约数量

时间	2014	2015	2016	2017
违约债券数量（只）	6	24	78	51

　　资料来源：Wind。

目前，我国信用债违约特点包括：行业性和区域性。行业性是指违约企业多处于产能过剩行业。这些行业的财务风险已经积累了较长时间，近两年国家的供给侧改革、去产能和去杠杆等一系列整治政策造成这些行业企业的风险集中爆发。区域性是指部分地区的信用债违约情况尤为突出，比如东北地区，一方面，由于产业聚集效应，这些地区在过去一段时间聚集了很多如今被视为产能过剩企业，造成信用风险集中爆发；另一方面，该地区银行贷款或财政资金都被这些僵尸企业所"绑架"，在金融去杠杆、流动性紧张的情况下，部分银行对该地区的企业抽贷或压贷，也会造成区域性融资危机。除此以外，行业间企业及区域间企业的相互担保也会放大一家企业信用违约的影响，甚至造成连环信用违约。因此，虽然 2017 年债券违约问题有所缓和，但我国债券市场的信用风险仍不可小觑。

3. 债券市场波动影响

（1）企业融资难

2017 年，企业债、公司债、中期票据、短期融资券、定向工具、资产支持票据（ABN）发行规模较 2016 年均有大幅下降，企业债、公司债、中期票据、短期融资券、定向工具、资产支持票据（ABN）共发行 5.98 万亿元，较 2016 年下降 29.55%，占债券总发行量的比例从 2016 年的 23.35%下降到 14.66%。

2017 年企业取消发行或发行失败债券共 791 只，比 2016 年增长 29.25%，规模达 6341.23 亿元，比 2016 年增长 9.91%，2017 年每月取消发行债券规模均在 200 亿元以上，规模和数量创下近年来我国债券取消发行的新高。从债券类型上看，短融中票取消仍较多；从行业上看，建筑、制造业债券取消较多；从主体评级上，AA+级以上评级取消发行仍较多。

企业发债减少主要有三个方面原因：第一，2017 年大力推进经济去杠杆，加强金融监管，金融机构对债券的持有意愿降低。加上资金面中性偏紧，市场利率不断走高，发行成本上升。企业取消或推迟债券发行的主要原因在于利率高企。2016 年第四季度以来，债券市场的利率整体走高，为企业融资带来了很大困难。2017 年 4 月 27 日，贵州贵龙实业公司发行的 5 年期 AA 级企业债利率高达 7.8%；另一只 3 年期公司债"17 昆仑 01"的发行利率也高达 7.8%，这在 2016 年是不敢想象的。

　　第二，对房地产业和产能过剩行业加强管控，建筑业企业和产能过剩企业发债受到更严格的监管。

　　第三，受 2016 年和 2017 年信用债违约的影响，债券市场风险偏好降低。

　　图 1.2.5 为 2016 年以来四种信用等级一年期企业债到期收益率走势。由图可以看到，随着 2016 年第四季度信用债违约事件的大规模爆发，各信用等级债券收益率在短时间内大幅上升。2017 年全年至 2018 年二季度，债券利率继续上行。2018 年三季度利率有所下降，之后趋于稳定。

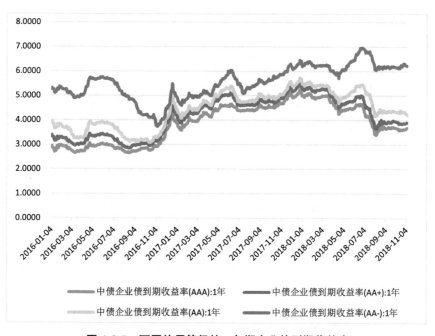

图 1.2.5　不同信用等级的一年期企业债到期收益率

资料来源：Wind。

（2）地方政府债务置换受阻

首先，近几年，地方政府债务尾大不掉成为各方监管的重点。2015年起，为了解决高企的地方债务问题，第十二届全国人大常委员会审议批准2015年地方政府债务限额时明确，对债务余额中通过银行贷款等非政府债券方式举借的存量债务，通过3年左右的过渡期，由地方在限额内安排发行地方政府债券置换。地方债务置换可以解决当下地方政府债务成本高昂的问题。2016年置换的4.88万亿元地方债务为地方政府节约了约4000亿元的利息成本。

2015年财政部部长楼继伟表示，国务院准备用3年左右的时间置换14.34万亿元地方政府存量债务。2015年当年置换债券额度为3.2万亿元，2016年置换4.88万亿元。由于2017年以来债券市场利率高企，债券发行整体放缓，2017年置换2.77万亿元，2018年剩余1.73万亿元。截止到2018年6月底，尚未置换的非政府债券形式存量政府债务约有8649亿元。也就是说7、8两个月平均置换债发行规模约为4325亿元，这一数字接近6月发行量的3倍。原计划于2018年8月完成的地方政府债务置换工作进度低于预期，可能导致债务置换延期。

其次，银行资金成本的提高使得对地方债的热情降低。受当前监管力度大的影响，银行间市场流动性收紧，基准利率Shibor不断上升，一年期同业存单发行利率甚至逼近5%，银行投资地方债容易出现成本收益倒挂。尽管银行购买地方债能获得财政存款作为补偿，但银行仍旧对置换存量地方债的热情不高。

一方面利率波动引起债务置换受阻，另一方面政府债务巨大存量中短期内到期部分形成偿付压力。随着2015年发行的3年期地方债到期日的到来，2018年地方债到期偿还量迅速增加。数据显示，2018年到期的地方债将达到239只，到期偿还量为8389.37亿元，从6月份至11月份，每月到期偿还量都在1000亿元以上，届时面临的债务压力将会很大。

4. 债券市场发展的建议

（1）根本还是发展实体经济

实体经济的下滑将不可避免地波及大部分行业，使大量企业获利下降，甚至亏损或亏损更严重。2008 年"4 万亿"政策以来，信贷不断扩张，但是仍然不能为实体经济解渴，一个原因是大量资金和资源被僵尸企业绑架，另一个原因是虚拟经济过度膨胀，资金在金融体系内空转，导致实体经济无法获得信贷资金。

（2）改善债券市场结构

2017 年地方政府债务发行虽然增速有所放缓，但仍高达 10.68%，而公司债、企业债、短期融资券三者发行规模之和占比 9.44%。企业是我国经济发展的直接推动力，为企业融资是债券市场主要功能之一。提高企业债占比具有促进直接融资，加快金融脱媒，推动实体经济发展的重要意义。债券融资相比于股票融资和银行借款成本更低，在当前企业普遍融资难、资金成本高的情况下，大力推进企业债发行有助于解决企业资金供给问题。

（3）化解地方政府债务风险

第一，加强对地方政府债务融资的监管，杜绝地方政府变相举债、大肆通过政府融资平台代政府融资形成企业债务（隐性债务）等。尽管目前地方政府举债受限，但这并不妨碍地方政府进行"变相举债"。事实上，地方政府违规或变相举债的问题在 2015 年就已经存在，只是在近期才陆续被曝出。2017 年以来关于地方政府举债的规范性问题多次举行会议，出台文件。2017 年 3 月和 4 月，财政部先后通报了对重庆和山东地方政府违规举债的查处结果。2017 年 4 月 26 日印发并实施《关于进一步规范地方政府举债融资行为的通知》，12 月密集处理了 11 起地方政府违规举债集资事件。可以看出，今后对地方债务的监管将越来越严、越来越细，违规、变相举债等行为将成为历史。

第二，化解存量债务风险。对于债务对应资产能形成经营现金流的，将债务和资产一并转移给债务融资平台。资产现金流不足以偿还债务的，可以通过政府补贴的方式偿还。

第三，加快建立现代财政制度，建立权责清晰、财力协调、区域均衡的中央和地方财政关系。逐步适当增加地方财政收入，如大力发展地方税收体系，增加对地方的一般性转移支付，从而减少地方政府由于事权与支出责任不匹配所导致的巨大资金缺口，减少地方政府的债务融资需求；同时，改变政府投资为主导的经济增长方式，适度降低地方政府投资性支出。

（4）解决以产能过剩行业为主的企业债券违约问题

一是打破政府隐形担保，切断政府对产能过剩企业的资金输送，让市场充分认识到产能过剩企业债券的风险；二是通过债转股、资产重组等方式解决已有债务无法偿还问题；三是完善信息披露制度，提升债券市场透明度。

（5）银行要把握资金投向

银行拥有大量资金可以对企业进行贷款。要防止债券市场的风险加大，就要把握好资金的流向。首先，应当自觉规范同业业务，防止资金在金融体系内空转。其次，应响应国家的号召，将信贷资金投放到国家支持的产业中，而不是尾大不掉的僵尸企业，这样才能使国家的产业经济政策顺利施行，促进经济的发展。最后，要仔细甄别任何债务的性质。如果企业债背后有地方政府担保，或 PPP（即政府和社会资本合作）项目实际上是地方政府变相举债的渠道，则应拒绝向这些企业或项目进行借贷，以维护债券市场的融资秩序。

（6）监管高压下的流动性维护

尽管债券市场有不少融资乱象，但监管力度要把握好，否则有可能引起风险的集中爆发，从而引起系统性风险。目前我国就处于监管高压之下，央行将商业银行的表外业务纳入 MPA（宏观审慎评估体系）考核，银监会 2017 年 4 月密集下发了 4 号、6 号、46 号、50 号和 53 号文件等，针对银行的表外业务和信贷投向进行指导，极大地收缩了银行间的流动性。由于流动性的减少可能会引发系统性风险，因此，监管机构在规范金融市场各项业务时，应把握好监管力度，对市场的流动性进行实时监测，防止系统性风险的发生。

（7）规范信用评级机构的行为

2008 年金融危机暴露了美国信用评级机构的不诚信行为。我国的信用评级机构应吸取教训，对债务人的信息披露应翔实而准确，须知金融危机的爆发对市场中的任何参与者都是巨大打击。

我国的信用评级市场长期以来存在着评级机构和被评级主体、政府之间有利益关系的现象，严重影响了评级机构的独立性。要树立评级结果的公信力，除了进一步发展完善评级指标体系外，还要完善相关法律法规，保证评级机构的独立性。2017 年 7 月我国允许外国评级机构进入我国评级市场，对我国评级机构的发展是一个促进和挑战。国内评级机构应在竞争愈发激烈的环境下，学习国外的经验。长期以来我国几乎所有的公共债券都只有一个信用评级，可以引进双评级制度，形成评级机构之间的竞争，有效避免评级机构和被评级企业之间的共谋。

（8）加强债券承销和保荐人的问责制度

企业债券违约不是企业单方面的责任，还包括债券的保荐人和承销机构，因为他们可能没有对企业的经营状况及前景和债券的风险进行尽职调查和翔实描述。由于债券承销机构等获得的是承销佣金，与企业的实际经营状况或债券偿付情况无关，因此在利益面前可能轻视甚至无视债券存在的风险。于是，当债券违约时，受损的是债券持有者，而这些中间人或中介机构没有任何损失。如果将债券承销和保荐人的利益与债券偿付情况进行关联，当债券出现违约时对中间人或中介机构进行适当惩罚，就可以使市场上的债券质量有所提升，使发生违约的可能性降低，从根本上降低债券市场的风险。

（9）完善风险管理体系

只要是一个成熟的市场，都会拥有较为完善的风险管理体系。目前，我国的风险管理工具较少，使用不充分。如果能够稳妥发展信用衍生产品，为投资者提供更多的信用风险管理工具，债券市场的信用风险就不会成为一触即发的不定时炸弹。此外，引入三方回购、中央债券借贷、流动性互助、自动化担保品管理等成熟的市场化风控手段，也有助于完善风险管理体系，降低债券市场的风险。

（三）大宗商品市场波动性风险和防控

随着全球经济形势的变化，无论是国际还是国内，大宗商品市场近几年都出现了频繁剧烈波动、风险迭出的现象，在一定程度上使我国受益的同时，也带来很多负面影响。在缺少国际大宗商品定价权、国际商品市场波动不可控，且国内实体经济低迷，股市、债市、楼市风险隐患逐渐加大的情况下，我国更应该注重大宗商品市场的建设与监督，做好风险防控，以减少商品价格失稳对我国经济的冲击，维护我国经济稳定。

1. 大宗商品市场定义及特征

大宗商品是指可进入流通领域，但非零售环节，具有商品属性并用于工农业生产与消费使用的大批量买卖的物质商品。在金融投资市场，大宗商品指同质化、可交易、被广泛作为工业基础原材料的商品，主要分为三类，能源商品（如原油、天然气和煤炭）、基础原材料（如铜、铝等有色金属和钢、铁等黑色金属）和大宗农产品（如大豆、玉米、小麦和棉花等）。大宗商品中"大宗"二字也体现出了大宗商品与其他普通商品的不同，它具有单次交易量大、流通环节获利的特点并具有投资属性。此外，由于大宗商品大多是工业基础产品，处于工业的上游，因此，其价格变动会直接影响到整个经济体系，对社会生产和居民生活产生重要影响。

大宗商品有现货市场、期货市场和期权市场。大宗商品现货交易以实物商品为需求，约定支付方式与交货方式，即时或短期内进行交易，目前主要通过电子交易平台统一交易和结算。大宗商品期货交易是采用公开的集中交易方式或者国务院期货监督管理机构批准的其他方式，通过期货交易所进行交易和结算，以大宗商品期货合约为交易标的的交易活动。大宗商品期权市场包含场内（在期权交易所进行交易）和场外（柜台交易）两个市场，以大宗商品期权合约为交易标的进行交易。目前我国大宗商品场内期权市场处于初期阶段，大商所和郑商所于 2017 年先后推出豆粕和白糖期权合约。由于期货市场的交易量远远大于现货市场和期权市场，所以本部分主要是对大宗商品期货市场进行分析。

2. 大宗商品市场发展回顾和现状

2.1   国际大宗商品价格跌宕起伏

整体来看，全球大宗商品市场波动较为剧烈。图 1.3.1 为反映全球主要大宗商品价格变化的 CRB 现货指数[①]走势图。根据方正中期期货的研究报告，可以将 CRB 现货指数的走势大致分为八个阶段。[②]

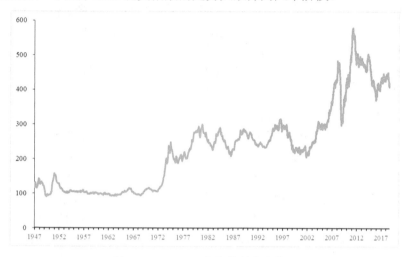

图 1.3.1　CRB 现货指数综合走势图

资料来源：Wind。

第一阶段：1944—1971 年。这一阶段处于布雷顿森林体系，由于美元与黄金挂钩，大宗商品价格指数没有出现较大的波动，CRB 指数走势相对平稳。

第二阶段：1971—1980 年。1971 年，美元与黄金脱钩；1973 年，汇率紧盯制度解体，标志着布雷顿森林体系解体。而后出现了两次石油危机，CRB 指数一路上涨，并引发了西方工业国的经济衰退。

第三阶段：1980—1996 年。工业国家经济衰退与复苏重复进行，CRB 指数处于回落上升交替的状态。1980—1983 年，世界面临经济危机，指数下跌。而后由于美国里根政府采取扩张的财政政策，扩大国债规模，

---

① CRB 现货指数，全称路透 CRB 商品指数（Commodity Research Bureau），是美国商品调查局反映现货商品交易的指数，以农产品、能源类和金属类共 19 种大宗商品的价格按比重加权而成。

② 王骏，相阳，彭博涵. 2017 年大宗商品震荡上行，中国经济增长动能减弱. 方正中期期货研究报告，2016（12）.

减免税赋，增大了政府赤字；同时，撤销了对商业行为的管制。一系列宽松自由的财政政策使得美国经济逐渐恢复，1984 年后 CRB 指数增强。然而 1985 年，强势美元触发资金回流，美国股市及房地产价格飙升形成泡沫，最终金融体系崩盘，CRB 指数下跌。之后，海湾战争引起的投资热使得 CRB 指数上升。随着日本经济增长放缓，全球经济渐冷，CRB 指数下跌。在周而复始的跌宕起伏中，1994 年后，美国政府采用了稳健的货币政策和财政政策，美国经济稳步上升，CRB 指数上涨。

第四阶段：1996—2000 年。这一阶段，世界经济遭遇打击。1997年由泰铢暴跌引发的东南亚金融危机不仅给亚洲国家（例如泰国、印度尼西亚、菲律宾、马来西亚、韩国、日本等）的经济带来重创，甚至波及俄罗斯、巴西、哥伦比亚、西欧国家以及美国，这些国家的金融市场均发生剧烈波动，经济增长因受到影响而放缓，CRB 指数下跌。

第五阶段：2000—2007 年。美国互联网泡沫破裂，股市崩盘，美国经济受到影响。而后，"9·11"恐怖袭击以及华尔街会计作假丑闻也对经济产生重大负面影响。然而美联储连续 13 次降息，利率从 6.5%降低至 1%。宽松的货币政策刺激了美国经济的增长。同时新兴经济体的崛起也促进了全球经济的增长，全球经济欣欣向荣，CRB 指数一路攀升。

第六阶段：2007—2011 年。CRB 指数在次贷危机和欧债危机的背景下出现蹦极式跳跃。2007 年次贷危机；2009 年希腊出现主权债务危机，进而引发欧债危机。全球经济陷入危机，CRB 指数大幅下跌。而后美国实行宽松的财政政策和货币政策，引入"量化宽松"政策，其余国家纷纷效仿，经济好转，CRB 指数回升。

第七阶段：2011—2015 年。美国经济发展乏力，新型经济体增速放缓，欧洲经济复苏缓慢。在全球经济增速放缓、大宗商品去库存的压力下，指数震荡下跌。

第八阶段：2015—2018 年。美国经济强劲复苏，CRB 指数震荡上升。国际大宗商品处于供应市场。但由于中国供给侧改革的影响，有色金属、石化能源和农产品期货反弹回升，涨幅位于全球前列，对 CRB 指数回升也提供了有力的支撑。

2.2　国内大宗商品价格波动不止

我们采用 Wind 大类商品指数（CCFI）的走势图来衡量我国大宗商品价格的波动。图 1.3.2 为 CCFI 的走势图。1995—2017 年，我国大宗商品价格一直处于震荡波动的状态。根据四个较为明显的拐点，可以将国内大宗商品价格变化分为五个阶段。

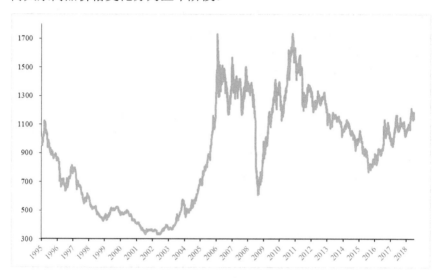

图 1.3.2　Wind 大类商品指数走势图

资料来源：Wind。

第一阶段：1995—2006 年。我国大宗商品价格整体较为平稳。其中，1995—2002 年，我国大宗商品价格整体呈现下跌的趋势。我国刚刚建立社会主义市场经济体制，投资者对国内大宗商品市场的发展仍持观望的态度。同时，国际上发生亚洲金融危机、美国股市泡沫和"9·11"等一系列事件，国际环境的不稳定性降低了投资者的投资热情。而后，随着我国经济的高速增长，同时期的股市增长也拉动了投资者对大宗商品市场的投资热情，商品市场价格回升。

第二阶段：2006—2009 年。我国大宗商品价格进入剧烈震荡波动阶段。其中，2006—2008 年，我国股市 2006 年的暴跌导致投资者投资信心受挫，大宗商品价格大幅震荡。2008 年之后，受金融危机和国际油价暴跌的影响，大宗商品指数呈现直线下跌的特征。

第三阶段：2009—2011 年。我国大宗商品价格呈现出小幅震荡上涨的趋势。2009 年，全球商品指数基金投资权重做了调整，增加了投资者对基本金属的买入兴趣，大宗商品市场受到投资者的追捧。另外，全球经济刺激方案，尤其是美国"量化宽松"政策的实施，使投资者的信心有所恢复，我国大宗商品市场出现回暖。

第四阶段：2011—2015 年。我国大宗商品处于缓慢震荡下跌的状态，这与反映全球商品指数的 CRB 指数走势相同。

第五阶段：2015—2018 年。我国大宗商品价格回升。得益于我国供给侧改革的持续发力，大宗商品供大于求的问题逐渐缓解；此外，我国宏观经济企稳向好，需求呈恢复性增长，在去库存、稳增长等政策带动下，社会基础设施建设步伐加快，企业面临的市场环境改善，大宗商品需求增加，大宗商品价格指数因此反弹回升。

2.3　国内大宗商品品种波动分化

图 1.3.3 是大宗商品主要品种 Wind 类指数 2015—2018 年的走势图。2015 年，大宗商品主要品种，如贵金属、有色金属、煤焦、能源、化工、谷物和油脂油料等品种的趋势线和波动基本一致，品种间的波动具有同质性。而 2016 年年中之后，品种之间的波动逐渐呈现出差异性。图 1.3.4 大宗商品不同品种的涨跌幅也再次说明不同品种的波动差异性较大。2015—2018 年，煤焦钢矿的涨幅最大，在 60% 左右。能源的涨幅紧随其后，涨幅达到 50%。大宗商品主要品种波动分化，表明我国大宗商品市场逐渐完善，投资者对品种的研究逐渐专业化，可以真正满足避险的需求。

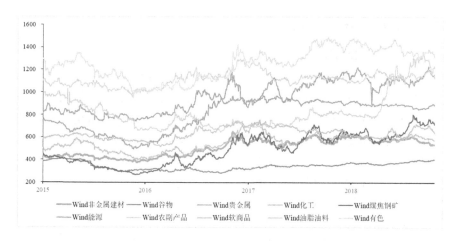

图 1.3.3　大宗商品主要品种 Wind 类指数走势图

资料来源：Wind。

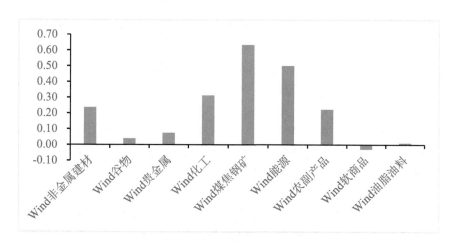

图 1.3.4　大宗商品主要品种 Wind 类指数涨跌幅

资料来源：Wind。

3. 大宗商品市场波动的原因

（1）经济增速减缓，需求减少

近几年，全球经济复苏势头减缓是大宗商品价格暴跌的根本原因。过去若干年，以我国为主的新兴经济体经济发展势头良好、需求激增，国际市场对大宗商品的前景十分看好，使得国际大宗商品价格上涨超过平均周期。而随着作为国际大宗商品主要进口国的我国等发展中国家经济增速的下滑，大宗商品的需求大幅度减少，导致国际大宗商品市场整体低迷，自然导致价格持续下跌。

（2）产能过剩问题严重

从供给侧看，过去大宗商品需求旺盛促进了大宗商品市场的繁荣，刺激了原油、有色金属、钢铁、农产品等行业的过度投资，造成近年来全球供给持续过剩，库存压力难解，因而在需求和供给的双面夹击之下，大宗商品市场屡现颓势。自 2000 年以来，中国的粗钢和钢材产量一直保持着增长势头，直至 2015 年才出现负增长，但需求的低迷使得过去的库存难以消化，进而钢铁的价格持续走低。即使近几年大宗商品价格持续下跌，部分供应方因为扩大市场份额等原因并未大幅减产，甚至有的还继续增加产能，市场供大于求的局面进一步恶化。如 2015 年，作为原油主要出口方的石油输出国组织表示，将继续执行增产、降价、保份额的政策以追求产量最大化，试图维护自身市场份额；2016 年 4 月，以沙特阿拉伯为首的石油输出国组织与以俄罗斯为首的非石油输出国在多哈举行会议，但谈判以失败告终，石油冻产协议未能达成。这些事件都加剧了市场供应过剩的局面并造成油价下跌。

（3）美联储加息的影响

2008 年金融危机后，美联储为刺激经济采取量化宽松政策，大宗商品市场也因此走向一轮繁荣，如以黄金、白银为代表的大宗商品掀起了一波上涨的狂潮。2013 年美联储提出可能削减量化宽松政策时，黄金和白银价格则同时受到重挫。美元弱则商品强，美元强则商品弱，究其原因，则是由于美联储货币政策收紧造成美元流出大宗商品市场，回流美国，美元指数上涨，大宗商品价格走低。加之 2016 年下半年美联储的加息预期不断增强，使得大量国际资本从新兴市场流出，进一步抑制了新兴市场的需求，也对大宗商品价格造成严重打压。而2017年以来大宗商品市场的回暖，也得益于特朗普新政后美国经济强势复苏的局面。

（4）市场投机行为推波助澜

价格波动幅度大、参与者众多等特点使得大宗商品市场日益显现出金融化趋势，而金融化趋势又进一步吸引了以避险或套利为目的的投机资金的流入，加剧了市场价格波动。以大型对冲基金为首的金融巨鳄们则在推动2015年商品价格下跌的过程中扮演了重要角色，对冲基金不断增加或减少原油、黄金、铜等主要大宗商品的空头持仓，使得商品价格连连下挫；而原油空头的快速撤资又推动了2016年国际油价的上涨。在国内市场上，证券市场低迷和楼市价格暴涨推高建筑新房需要钢铁能源等材料的预期等，使得投机资金流入大宗商品市场，从而助力了2017年国内商品价格的反弹。

（5）大宗商品市场金融化和美国化

设立大宗商品期货市场的初衷是为了价格发现和规避风险，但是，由于在投资组合中同时配置大宗商品期货和股票常常是分散非系统性风险的投资组合策略，大量金融专业投资者涌入商品市场，进行商品市场和股票市场的跨市交易。跨市交易导致资本市场和商品市场的收益率具有联动性。当股票市场的风险上升时，投资者抛售股票导致股价下跌，市场出现流动性压力，因此投资者撤出商品市场缓解流动性，市场间出现风险溢出。大宗商品市场呈现金融化特征，金融系统性风险加大。

此外，由于我国大宗商品期货市场起步较晚，其价格更多地受国际市场的影响。而且随着国际贸易的进一步深化，大宗商品的进出口比重加大。美国市场不仅可以通过资本市场影响我国大宗商品市场定价，也会从现货供需市场的路径影响我国大宗商品价格。大宗商品市场呈现美国化特征。这正是田利辉与谭德凯（2014）所提出的我国大宗商品市场金融化和美国化的问题。金融化和美国化现象加剧了我国大宗商品价格的波动。

（6）人民币汇率市场和利率市场波动

大宗商品采用美元计价，其计价方式使得其价格是大宗商品自身价值和美元价值的叠加。近几年人民币兑美元的汇率处于较大的波动中。21世纪以来，由于中国经济的快速发展，人民币一直面临着大幅升值的压力；近几年，中国经济增速减缓，经济进入"新常态"，人民币贬值压力加剧。人民币兑美元汇率的波动加剧了具有美元价值的大宗商品的波动。此外，人民币利率市场化的推进也促进了我国金融自由化，市场不确定性加大，进一步加剧了大宗商品价格的波动。

（7）环保政策的影响

煤炭、钢铁、化工、有色等大宗商品行业是环保治理的重点行业之一，环保政策的持续推进已经并将继续给大宗商品价格造成显著影响。在继续治理大气污染问题的同时，将会加大水污染和土壤污染的治理，增强考核排污许可的发放，逐步增加对固体废弃物进口的管制，增强对能源使用方面的限制，短期来看将对部分大宗商品行业的上游供应、中下游需求造成明显冲击。对于国内定价，或者境内外价格联动性不强的大宗商品价格造成显著影响，对境外定价、内外价格紧密联系的商品造成的影响相对较小。

案例：2016年11月11日，商品期货夜盘多空双杀

2016年11月，国内大宗商品期货市场火热，价格持续上行。11月10日，以菜粕为代表的农产品和以沪镍、沪铜、沪铝为代表的有色金属均涨停；11月11日日盘期间，以PTA（精对苯二甲酸）、棉花为代表的化工品也出现涨停现象；11月11日夜盘初始，大宗商品市场火爆局面持续了半个小时后，21：40左右，各品种的巨额空头仓单涌现，PTA、棉花、橡胶、甲醇、沥青、锡、镍等多个品种价格迅速下跌，资金大幅出逃，市场一片恐慌。PTA、棉花、棕榈油、豆油、菜油等多个品种几乎跌停。短短几分钟，品种价格由暴涨到暴跌，多空双杀，市场资金遭遇重创，被称为期货市场的"黑天鹅"事件。

2016年"双十一"这天发生的这件"黑天鹅"事件究竟是如何促成的？笔者借鉴相关从业人员的描述，从监管和市场角度进行了分析。

（1）监管趋严和交易限制使得下行压力累积

2016年下半年，国内大宗商品期货市场十分火热，多个品种价格一路攀升。为防止市场风险积聚，监管层紧密关注期货市场并严加限制。证监会下发通知警告期货公司不得参与配资，并采取有效措施抑制过度投机，防止市场价格操纵。期货公司参与市场的杠杆得到有效遏制。动力煤品种的违规现象也由发改委致函郑商所得到整治。此外，作为期货交易所，针对2016年以来商品期货价格持续上涨的现象，郑商所、大商所和上期所连续发出调整商品合约交易手续费、交易保证金和涨跌停板幅度，以及对资管信息进行报备等8道监管"令牌"。在交易所集体出手加上发改委调研的多重冲击下，监管加码，窗口指导，量变到质变，11月11日期货夜盘市场出现闪崩事件。

（2）价格短期大幅拉涨，风险积聚，根基不稳

2016年11月上旬，大宗商品市场火热，现货与期货价格攀升。价格短期大幅上涨的过程也是风险积聚的过程。部分品种的持仓量和成交量均大幅增加。根据从业人员描述，虚实盘对比也反映出虚盘大幅超出常态水平。大宗商品量价的大幅提升已逐渐脱离现货供需市场，投机风险显著。实体企业由于生产成本较高，持观望态度，市场出现大宗商品价格下跌的预期。在风险积聚与市场预期中，市场集中涌现巨额空单，形成暴跌现象。

（3）大宗商品期货市场存在"羊群行为"

在市场预期大宗商品价格下跌的背景下，2016年11月11日，大宗商品市场夜盘空头涌现，价格下跌。而后市场暴跌，其中不乏"羊群行为"的推波助澜作用。田利辉、谭德凯和王冠英（2015）提出，大宗商品期货市场下跌时，"羊群行为"更容易出现。相对于"追涨"而言，我国交易者更易于"杀跌"。因此，在期货价格下跌引起市场恐慌时，存在明显的"羊群行为"，使得闪崩事件发生。

（4）技术风险

随着移动电子设备的发展，大宗商品期货市场的参与者主要通过手机行情交易软件操作。2016年11月11日夜盘期间，主要的期货交易软件系统出现短时崩溃，加剧了市场投资者的恐慌心理。此外，由于品种价格下跌迅猛，采取程式化交易策略的止损单也无法报出，期货公司、技术供应商以及交易所的服务器均出现拥堵，甚至出现网络中断现象。

止损单无法正常成交，引发投资者巨额亏损。技术风险引发的系统崩溃也是本次闪崩事件发生的一个原因。

4. 大宗商品市场波动对我国经济的影响

（1）影响进出口及企业成本

我国对国际大宗商品有巨大的需求。近两年国际大宗商品价格的下跌使得我国的进口价格下降，进口成本降低。2015 年，我国部分大宗商品进口量增加，其中进口铁矿砂 9.53 亿吨，增长 2.2%；原油 3.34 亿吨，增长 8.8%。但我国进口价格总体下降 11.6%，其中铁矿砂、原油、成品油、煤炭和铜等大宗商品价格跌幅较大。进口价格的下降降低了进口企业的生产成本，减轻了企业负担，在一定程度上有利于我国企业的发展。

（2）对实体经济部分行业造成冲击

大宗商品作为众多行业的基础性原材料，替代弹性较小，价格的需求弹性较低，其价格的频繁剧烈波动必定给实体经济的发展带来一定风险。作为原材料消耗大国，我国实体经济面临的冲击程度可想而知。大宗商品价格上涨，推高作为商品需求方的企业生产成本；大宗商品价格下跌，又压缩商品供给企业的利润。而大宗商品价格波动难以预测，使得企业难以制定合理的政策来应对原材料成本的不断变化，造成我国制造业利润趋薄。随着过去两年大宗商品价格的暴跌，我国油气、煤炭、钢铁等行业的利润大幅下挫，而去产能进度缓慢、供给过剩局面延续等因素也使得这些行业陷入长期低迷，破产倒闭风险加剧。

（3）企业违约风险上升，金融风险积聚

大宗商品价格下跌，我国有色金属、农产品和采矿等企业流动性趋于低迷，长期积累的金融结构性风险逐步显现。对于煤炭行业而言，2014 年以来，由于煤价一直在低谷徘徊，导致多家煤企陷入资金链紧张、财务负担加剧和投资能力下降的困境，负债率高企。若未来几年煤炭价格不能实现全面上涨，煤企的违约风险可能会被强化。若这些企业资金链断裂，银行将无法收回贷款，可能会通过一系列连锁反应引发金融危机。

（4）输入型通缩风险加大

美元持续走强、国际大宗商品价格走势低迷引起的进口商品价格下跌亦对国内物价产生影响，2015 年以来我国输入型通缩压力不断加剧。国际原油、原材料等价格暴跌，引起国内成品油和化工产品市场价格显著下降，生产资料市场价格延续下行走势且降幅扩大。2015—2016 年我国 CPI（居民消费价格指数）走势低迷，PPI（工业品价格出厂指数）更是延续了 48 个月的负增长。据测算，国际油价下跌 10%将可能分别拉低 CPI 和 PPI 约 0.1 和 0.5 个百分点。因此，若国际大宗商品市场继续萎靡不振，我国的输入型通缩压力亦将进一步加大。

（5）影响居民消费水平

由于大宗商品是工业的基础原材料，大宗商品的进口价格上涨会传导至国内上游企业原材料的价格，也会进一步导致中下游产品的价格上涨，诱导企业生产成本上升，提高商品价格，引发市场整体物价水平上涨，形成输入型通货膨胀。因此，输入型通货膨胀并没有对居民的收入产生财富效应，相反却提升了物价水平，降低了居民的消费水平。

5. 2018 年大宗商品市场预测及风险防控策略

2018 年大宗商品市场仍被看好，商品价格上涨。但由于全球经济结构性问题突出，美元强势回归，新兴经济体增速放缓，大宗商品期货市场将告别大幅上涨的单边行情，呈现高位震荡运行态势。2018 年大宗商品将继续呈现品种分化的特征。从需求端与供应端看，能源产品均看好原油，看淡动力煤；金属产品看好有色系和黑色系；农产品较为中性。

大宗商品价格近年来波动频繁，未来预期仍将高位震荡，考虑到此种不容乐观的形势对我国经济的影响，我国应采取的防控策略如下。

（1）推进以去产能为主的供给侧改革

在全球经济增速缓慢、需求增长乏力的情况下，供给侧的改革对稳定大宗商品价格极为重要。应严格控制新增产能，如有色金属行业实行联合减产，并防止产能过剩行业大幅增产；淘汰落后产能，通过破产清算、优胜劣汰以及兼并重组等办法处理一些落后企业；优化存量产能，促进企业产品升级，加快向高端、智能、绿色环保方向转型转产等。在需求低迷的环境下，产能的消耗仍需要很长的时间，只有从供给侧源头控制产能增长，才能防止情况继续恶化，使大宗商品供给与需求逐渐达到平衡。

（2）争取提高我国在国际大宗商品市场上的定价地位

国内市场价格容易受国际大宗商品价格的影响，而对国际大宗商品定价权的缺失使得我国只能被动接受国际价格波动的冲击，因而掌握国际商品定价权对稳定国内大宗商品价格、防范风险有重要意义。应大力发展我国大宗商品期货市场，进一步完善期货制度，推动大宗商品期货市场国际化，促进其价格发现功能的实现。如发展可供投资的商品指数基金、处置僵尸期货品种以活跃期货市场等。应建立并完善中国特有的多品种大宗商品市场，使其真正服务于实体经济，对国内资源也能起到保护作用。此外，应逐步降低国内企业从事境内外套期保值业务的门槛，发挥行业协会的重要作用，协调进出口企业定价方式，增强我国在国际大宗商品市场上的议价能力。

（3）构建科学合理的国内市场大宗商品储备体系

为了稳定国内大宗商品价格，防止商品供应短缺影响国民经济体系，建立我国大宗商品储备体系是十分必要的。作为发展中国家，我国对能源和金属等大宗商品的需求持续增加。从储备形式看，我国应建立国家、地方和企业三级储备体系，根据国际市场大宗商品价格波动幅度，适时调整储备价格和储备量，在储备库存达到一定规模后，定期公布库存数据与收购拍卖价格，以此对国内大宗商品价格进行引导和调节，也可以影响国际大宗商品价格。同时，应进行能源、物资等多元化储备，以此代替单一的外汇储备，降低我国在能源、农产品、有色金属等原材料上的对外依存度，加快构建多元化、多层次的国家储备体系。

（4）加大监管整顿力度

在理财方式多样化的形势下，大宗商品市场成为投资者的新目标，然而国内地方性大宗商品交易所的扩张却带来了风险隐患。地方交易所由于监管不足，缺乏有效的制度保证和完善的交易机制，使得高杠杆交易、违规等乱象丛生。此外，由于地方性大宗商品盘子较小，商品交易容易受到大资金操控和坐庄，左右市场价格的情况时有发生，损害了普通中小投资者利益；同时，普通中小投资者风险识别能力低、相关知识匮乏、承受能力低下，地方交易所为了扩大交易量，积极引入这些中小投资者却未进行正确引导。因此，应对地方性大宗商品交易所进行监管、整顿与规范，防止违规行为带来的风险暴露，维护国内大宗商品市场的稳定。

（5）建立预警机制

为了防止大宗商品市场剧烈波动而对投资者和居民的生活产生较大影响，三大商品期货交易所可以采用全面的数据和先进的模型建立预警机制，提醒投资者注意风险，并通过制度建设防范出现过度投机造成的剧烈波动。从长期来看，国际市场大宗商品价格水平变动限于 CPI 的变动，并最终传导到 CPI。为准确判断未来价格走势，防止因价格大幅波动对国内经济造成重创、对居民生活造成较大影响，相关部门应密切关注国际市场大宗商品价格变动，建立监控预警制度，重点关注部分种类的大宗商品价格变动，当其波动较大时，及时采取相应的调控措施，防范输入型通胀风险，保证居民生活稳定。

（四）房地产市场风险和防控

从 2016 年至 2017 年年中，我国房地产市场整体呈现出从回暖到过热的态势，这主要归因于一线城市和部分二线城市的行情上涨，尤其是北京、上海和深圳等一线城市房价的暴涨及成交量的放大。而三线、四线城市的房地产市场依然不景气，房价上涨有限，库存积压严重，成交量未见明显的提高，新开工难以进行。原本用来缓解三线、四线城市房地产库存压力的政策利好措施，却因流动性宽松、股市投资低迷、房地产场外配资等多重原因，而使得一线城市房价暴涨，投资和投机的成分明显增加。2017 年年中至今，有关部门出台了一系列政策抑制房地产投机，如清理场外配资等，但投机性需求仍然居高不下；而三线、四线城市库存压力虽然在有关政策的引导下得到缓解，但是总量仍然较大，这是我们所不希望看到的情形。一线城市房价继续高企，三线、四线城市去库存压力严重，国内房地产市场出现两极分化的局面。

一线城市房价居高不下，房地产中的金融高杠杆如首贷付等在本轮房价的上涨中起到了推波助澜的作用，而房地产中的高杠杆无疑会给金融体系带来安全隐患。虽然我国当前一线城市房价在短期内仍然处于可控范围之内，并且仍然是拉动经济增长的主要动力之一，但从长期来看，这种模式难以维系并且会对经济发展、消费结构带来隐患。而中小城市去库存问题则是更为严峻的问题，这需要中央与地方政府的大力改革与配合，从而缓解我国当前面临的系统性风险。

1. 我国房地产行业的现状

（1）一线城市房价暴涨，三线、四线城市库存压力仍显著。在成交价格方面，从 2016 年年初到 2017 年年初全国房价整体上涨。如图 1.4.1 所示，2016 年 12 月，百城住宅平均价格为 13035 元/平方米，同比上涨 18.72%；2017 年 12 月，百城住宅平均价格为 13914 元/平方米，同比上涨 7.15%，房价的上涨趋势逐渐放缓。一线城市新建住宅价格由 2016 年的过热逐渐转为温和上涨，2017 年底逐渐下降到 0.7% 左右。二线、三线城市新建住房价格逐渐上升，2017 年 12 月，二线、三线城市房价分别同比上升 4.2% 与 6.8%（参见图 1.4.2）。由此可见，我国房地产行业呈现上升态势，尤其是三线城市，但增长速度已逐步放缓，呈现温和上涨。

元/平方米

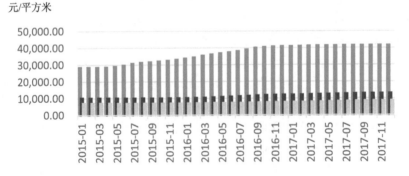

■百城住宅平均价格：一线城市　■百城住宅平均价格：二线城市

图 1.4.1　一线、二线、三线城市百城住宅价格

资料来源：Wind。

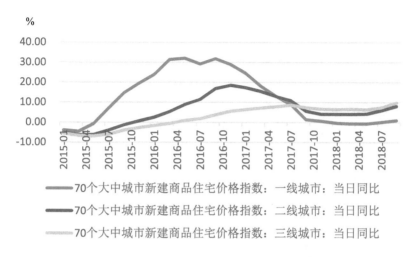

图 1.4.2　一线、二线、三线城市新建住宅价格指数同比变化

资料来源：Wind。

在成交量方面，根据 Wind 对我国 30 个大中城市的统计，我国商品房成交面积在一线、二线、三线城市出现不同的情况。2018 年 10 月，我国一线、二线、三线城市商品房成交面积分别为 218.96 万平方米、680.08 万平方米、490.74 万平方米，一线城市、三线城市同比上涨 8.75%、12.31%，二线城市分别同比下跌 12.57%。一线城市商品房成交面积小幅上涨归因于 2017 年一线城市处于政府调控的中心，成交量大幅度下滑，目前处于回暖状态。三线城市在持续供大于求的局面下，2016 年底至 2018 年初，成交量呈大幅下滑趋势，目前也有所回暖。二线城市的房地产成交面积下降归因为房价过高与政府调控影响的持续，并且二线城市可用土地有限，新房地产开发难度较大，如图 1.4.3 所示。

万平方米

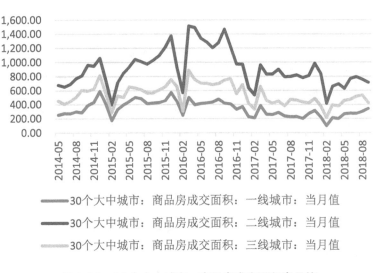

图 1.4.3   30 个大中城市：商品房成交面积当月值

资料来源：Wind。

在库存方面，通过对我国 54 家上市公司的统计，2016 年我国 54 家典型房地产企业的存货总额达 50665.75 亿元，较上年同期增长 22%。从各企业的存货规模来看，12 家房企存货超 1000 亿元。①而三线、四线城市的房地产企业虽然在 2016—2017 年库存压力得到了很好的释放（如在狭义库存方面，2016 年年末全国商品房待售面积为 6.95 亿平方米，较 2015 年年末下降 3.2%；以待售面积/12 个月均现房销售面积计算，2016 年年末全国商品房可售库存去化周期为 19.5 个月，较 2015 年年末下降 5.6 个月），但是从总量上来说压力仍然较大。②2017 年前三季度全国商品房待售面积同比下降了 12.2%，库存去化周期为 11 个月，较 2016 年

① 沈晓玲，朱伟，王丽. 恒大、万科、碧桂园库存同比增速 66%，快于行业平均的 3 倍. 克而瑞·企业监测分析，2017（04）.

② 任泽平. 三四线城市地产销量火爆：去库存和挤出效应. 方正证券研究报告，2017（03）.

下降 8.5 月，主要是三线、四线城市去库存收到积极效果，但我们仍不能忽视调控与去库存并存的风险。

（2）北方城市去库存周期显著高于南方城市

我国去库存周期整体而言北方高于南方。我国"鬼城"排名中，北方在前 10 名中占据了 7 个，并且集中在内蒙古与东北等地区，而南方城市大面积房屋空置现象比较少。一方面，地方城市新住人口不足，房地产需求较低；另一方面，地方政府对土地进行了过度开发，导致供给过多。"标准排名中国大陆城市'鬼城'指数排行榜（2015）"上榜的前 50 个城市中，地级城市 26 个，县级城市 24 个。许多县级市的可居住面积甚至超过地级市。这反映了许多地方政府在总体规划与未来预期上出现错误，从而导致房屋大量空置。

2. 我国房地产行业出现的问题

一线、二线与三线、四线城市行情分化严重。根据对我国房地产现状的分析，从 2016 年年初至 2017 年年中，一线、二线城市的房地产交易量价齐升，商品房需求旺盛，行情十分火爆；而三线、四线城市商品房交易无论是价格还是成交量都增长乏力，行情略显低迷。一线、二线城市与三线、四线城市的明显行情分化反映的是我国房地产行业整体存在较为严重的供需不平衡问题。

供给方面，从 2014 年开始，如表 1.4.1 所示，土地购置面积同比持续下降且速度急剧加快，房屋新开工面积最高呈现 20% 以上的同比下降速度。一线、三线城市土地购置面积下降程度明显高于二线城市，而三线城市的房屋新开工面积降幅则远超一线、二线城市。2018 年，我国房屋新开工面积由同比下跌转为同比上涨，深圳和广州 1—6 月城市房屋施工面积分别增加 1% 和 9.6%，而北京 1—7 月城市房屋施工面积则同比增加了 9.1%，这是因为随着一线城市进入补库存周期，新开工数据有所好转。由此可见，就去库存这一点而言，我国楼市在供给侧得到了一定的控制，但成效是否显著仍要看与需求侧的对比。

表 1.4.1　2014—2018 年我国房地产相关指标

时间	房屋新开工面积（累计同比）			土地购置面积（累计同比）		
	一线城市	二线城市	三线城市	一线城市	二线城市	三线城市
2014-05	-21.67	-22.77	-26.96	0.50	-1.18	2.64
2014-06	-24.15	-19.64	-27.81	-1.97	-10.48	7.73
2014-07	-17.57	-16.67	-28.42	-0.96	-14.91	5.52
2014-08	-19.44	-14.42	-26.66	0.82	-15.51	11.83
2014-09	-18.50	-12.92	-28.07	9.81	-14.06	-0.21
2014-10	11.66	-7.77	-28.14	14.76	-9.45	7.80
2014-11	-14.59	-10.50	-26.28	-23.57	-18.86	-6.38
2014-12	-13.96	-11.90	-26.80	-19.85	-18.57	-8.34
2015-03	-27.69	-18.41	-37.83	-61.95	-30.43	-43.16
2015-04	-10.30	-19.29	-36.70	-57.97	-37.44	-55.14
2015-05	-8.69	-14.33	-29.99	-57.43	-26.40	-45.49
2015-06	-8.82	-16.68	-28.45	-52.12	-26.72	-51.11
2015-07	-6.25	-17.14	-24.36	-36.14	-22.69	-49.37
2015-08	-9.49	-17.48	-24.88	-33.45	-21.47	-47.95
2015-09	-6.27	-13.46	-19.57	-45.48	-25.86	-49.02
2015-10	-8.30	-16.19	-14.08	-41.17	-24.20	-47.47
2015-11	-7.34	-15.82	-15.15	-38.14	-22.64	-45.87
2015-12	-6.22	-13.72	-14.25	-29.69	-19.57	-42.79
2016-03	-11.74	44.25	-9.82	53.59	-13.28	-31.74
2016-04	-12.88	37.68	7.67	-0.39	-8.55	-28.66
2016-05	3.00	33.94	-1.47	-0.90	-7.97	-42.77
2016-06	10.21	28.17	7.61	2.70	0.72	-27.17
2016-07	4.16	29.23	6.55	-10.09	-4.50	-30.81
2016-08	6.85	27.45	11.51	-7.72	-7.60	-27.33
2016-09	4.75	20.49	7.40	11.60	0.26	-26.72
2016-10	5.09	21.84	3.10	3.06	3.57	-24.30
2016-11	0.00	20.28	4.20	1.06	1.63	-19.09
2016-12	-3.91	16.24	8.28	0.74	4.05	-18.85
2017-03	24.53	3.16	36.00	24.98	2.34	-18.59
2017-04	20.56	7.11	11.47	37.11	8.22	-3.48
2017-05	-0.55	6.67	21.89	29.70	11.80	16.81

续表

时间	房屋新开工面积（累计同比）			土地购置面积（累计同比）		
	一线城市	二线城市	三线城市	一线城市	二线城市	三线城市
2017-06	-2.43	11.35	15.70	27.44	6.28	16.78
2017-07	-4.13	5.93	3.50	26.59	5.50	27.60
2017-08	-6.34	6.76	-1.12	18.43	4.01	37.80
2017-09	-14.73	6.34	-1.94	1.82	-2.11	46.43
2017-10	-14.64	4.62	3.33	15.71	-1.20	49.13
2017-11	-9.45	5.68	5.92	17.36	-2.05	61.78
2017-12	-6.01	5.15	4.14	-2.72	-5.80	54.63
2018-03	-32.24	10.13	-0.83	-70.49	-9.35	18.81
2018-04	-19.77	5.19	3.76	-40.75	-15.43	24.31
2018-05	-7.07	7.11	6.43	-32.11	-20.91	17.93
2018-06	0.02	5.22	12.73	-25.24	-8.09	29.37
2018-07	1.38	8.25	17.80	-35.28	1.28	26.76
2018-08	4.11	7.08	24.78	-29.70	8.39	11.49
2018-09	13.61	8.34	21.25	-24.67	12.97	12.49

资料来源：Wind。

随着我国城镇化进程的不断推进，城镇婚姻人口购房、居住面积改善购房、投资性购房、常住人口增长购房等原因使得我国居民对房地产的需求，尤其是对一线、二线城市房地产的需求十分巨大，但是城镇化政策也导致了住房需求不平衡。一线城市住房需求居高不下；三线、四线城市由于城镇化政策的转变，新住人口不足，住房需求较低。因此，相较于需求的不平衡而言，供给的不足进一步导致了一线、二线城市楼市的供需不平衡。2017 年 2—3 月，北京、天津等城市房屋施工面积环比下降，多数城市销供比大于 1。根据中国指数研究院的数据：一季度新增住宅供应同比下跌超六成，销供比为 1.41。2018 年 9 月，一线 4 城、二线 15 城、三线 16 城新房住宅成交同比增速为 50.1%、7.5%、-9.1%，除一线城市为增速扩大外（环比扩大 16.2 个百分点），二线、三线增幅环比分别收窄 12.3、5.4 个百分点。一线、二线城市存在供不应求的情况。

市场供不应求的现象非常明显。与一线、二线城市相反，许多三线、四线城市前几年的过度投资与开发造成楼市膨胀发展,供应量不断加大,尽管过去一年的房地产供给明显下降,但仍未能抵消前期过剩的供应,加之需求侧行情一直冷冷清清,近年来的交易情况未能对去库存做出有效贡献,因而库存高企、供过于求仍是三线、四线城市房地产行业面临的较为严峻的问题。

3. 房价波动原因分析

3.1　政策因素与市场因素分析

3.1.1　2016 年上半年房价整体上涨原因分析

在宏观经济不景气的大背景下,国家试图通过刺激房地产来拉动经济增长,在 2016 年上半年出台了一系列对房价看涨的利好政策。促使房价尤其是一线城市房价上涨的原因主要包括:银行持续宽松的货币政策、包括“去库存”在内的宏观政策、房地产市场疯狂加杠杆等。

（1）央行货币政策持续宽松,给市场注入流动性

2016 年 2 月 29 日晚间,中国人民银行发布通知称,自 2016 年 3 月 1 日起,普遍下调金融机构人民币存款准备金率 0.5 个百分点。至此,大型金融机构的存款准备金率由 17% 下降至 16.5%。此次央行降准目的在于保持金融体系流动性合理充裕,引导货币信贷平稳适度增长,为供给侧结构性改革营造适宜的货币金融环境。这一措施显然超出市场预期,毫无疑问,此次降准在调整民众对市场发展预期的同时,也会对民众的经济行为有一定的政策引导。

此前,2 月 26 日,央行行长周小川首次在 G20 上海会议之前表态称,当前央行的货币政策处于“稳健略偏宽松”的状态。

由表 1.4.2 和图 1.4.4 不难看出,我国 M1 与 M2 占 GDP 的比例基本都在稳步上升,虽然 M0 占 GDP 的比例有所下降,但是下降的幅度也不及 GDP 同比的增速,所以间接反映了我国 M0 实际上是以低于 GDP 增速的速度在增长。且 M0、M1、M2 三大货币层次的弹性系数 2016 年相较 2015 年与 2014 年都有较大程度的提高,也更加直观地说明了我国 2016 年对比 2015 年及 2014 年货币宽松的程度。2016 年年初央行再次降

准，进一步说明了央行对货币政策的进一步放宽，给市场不断注入流动性。

表 1.4.2　2014 年—2017 年我国 M0、M1 与 M2 占 GDP 比例及弹性系数

时间	M0/GDP	M1/GDP	M2/GDP	M0 弹性系数	M1 弹性系数	M2 弹性系数
2014 年	12.03	49.52	176.68	0.36	0.39	1.50
2015 年	9.32	51.44	183.64	0.76	2.37	2.07
2016 年	9.18	65.39	208.31	1.21	3.19	1.69
2017 年	8.58	65.77	202.75	0.49	1.71	1.19

资料来源：Wind。

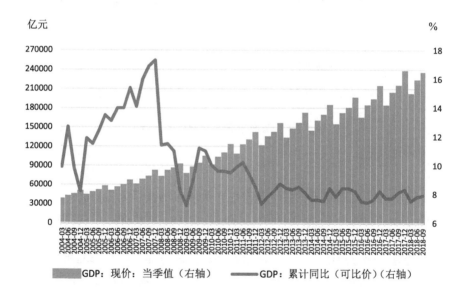

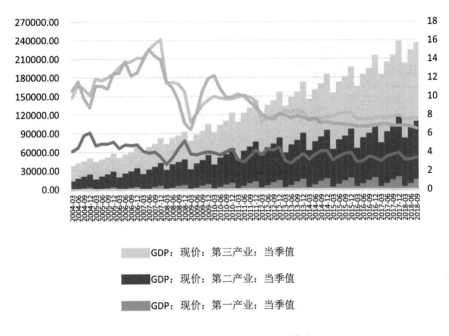

图 1.4.4　GDP 及三大产业相关指标

资料来源：Wind。

　　流动的资金在政策引导下渐次进入实体市场或者金融市场；同时，2015 年股市和汇市都经历了大幅度的震荡波动，股市和汇市市场风险急剧增加，房地产市场作为更为稳定的既为实体产业又为金融市场的存在，势必会有一部分流动性涌入，所以在住房贷款方面，本次降准相当于对房地产市场起到了间接推高房价的作用。房地产市场 2008 年后的快速增长势头不复存在，自 2014 年开始，房地产市场热度逐渐回落。由于房地产市场自 2014 年开始累积了大量库存，在某些城市房价甚至已经开始降低；而房地产市场对于经济的支撑作用十分明显，故而政府需要采取措施对当前的房地产市场进行一定的宏观调控。于是在流动性大量释放的条件下，房地产市场也有所回暖，一线城市作为政策敏感性区域以及凭借自身得天独厚的地理优势和资源优势，成为本次投机房地产市场的重点对象，因此，相对于二线、三线城市而言，房价上升尤为明显。

（2）房地产市场"去库存"，出台一系列促进政策，推高了房价

2016年年底以来，房地产去库存政策的累积效应已经开始显现。宽松货币政策推动房价上涨，进一步推升房地产市场成交量，房地产市场呈现量价齐升的局面。

在2016年年初，央行继续在去房地产库存上下狠招——降首付。在不实施"限购"措施的城市，居民家庭首次购买普通住房的商业性个人住房贷款，原则上最低首付款比例为25%，各地可向下浮动5个百分点；对拥有1套住房且相应购房贷款未结清的居民家庭，为改善居住条件再次申请商业性个人住房贷款购买普通住房，最低首付款比例调整为不低于30%。这对于房地产市场无疑是一剂强心针，首次购房和购二套房的首付比例均有较大幅度的下调，居民购房所需要的基本支出在少了许多的前提下，又会有一部分潜在的购房者加入到购房的大军中，房价只能居高不下。

2016年两会召开期间，政府部门又陆续提出了一系列针对房地产市场当前库存高、余量多的政策方案。

① 房贷利息抵税

所谓房贷利息抵税，是指允许那些拥有自己房子的纳税人可以通过用他们的主要住宅（或第二住宅）担保的贷款所付的利息来减少他们的应税收入。该政策表明新体系下房贷利息、教育和抚养子女费用将可抵税。毫无疑问，该政策若出台，势必迎来买房的热潮，尤其是资产相对较多的居民，避税和减税对于该类人群有较大的吸引力，而资产多者也多数集中于一线城市，届时一线城市的房价可能再攀新的高点。

此政策虽尚未实施，但已经给市场释放出政府坚定去房地产库存的信号，在房地产市场预期房价会进一步攀升的基础上，可能会有一部分人看涨房价而投机。虽然目前一线城市房价已然居高不下，但是不排除投机者高杠杆融资买房套利的可能。

② 落实"营改增"

按照《2016年政府工作报告》的要求，2016年5月1日要全面落

实"营改增",试点范围将扩大到建筑业、房地产业、金融业、生活服务业。其准备方案是,17%的标准税率不提高,但新增不动产可以纳入抵扣。

商业地产目前依然处于低谷期,一些高端商业地产依然有大量的库存。这条新政将会对商业地产市场去库存起到一定的积极作用,推动一部分企业新购写字楼。

除了政府去库存的降首付等宏观政策,部分城市为了刺激疲软的房地产市场,也自行出台了许多"因地制宜"的地方政策。例如沈阳,允许大学生零首付购房,虽然政策迅速夭折,但是也说明了某些地方对去库存有较大的压力,给当地市场释放出政府希望房地产市场发展的信号,可能会推动部分投机者推高房价。

(3)金融杠杆在房地产市场交易中过度使用

例如,房地产中介使用首付贷等金融产品,以增加金融杠杆的方式进一步增加了用户购房需求,房价自然升高且风险累积程度也较高。首付贷,顾名思义,是指在购房人首付资金不足时,地产中介或金融机构为其提供补助资金拆借。这相当于为贷款买房的购房者又增加了一层杠杆,就如同有"场外配资"支持的购房。这在降低购房者资金门槛的同时,也为"炒房"提供了便捷。也正是因此,某些房地产中介才被部分人视为推高房价的"幕后黑手"。

2016年2月23日,上海消保委曝光了两宗房产交易纠纷。在两起案件中,链家涉嫌出售"查封"房源并隐瞒真相,以高利率向购房者违规放贷。链家作为房产中介的身份为公众所熟知,然而事实上,链家除有传统的房屋中介业务外,还有链家金融产品,主要包括第三方支付"理房通"和承接P2P业务的"链家理财"两个平台。后者为买卖双方提供各类"过桥贷款",如赎楼贷、全款贷、换房贷、个人借款、首付贷、监管贷等多种房产金融产品。由于目前银行等金融机构没有相关产品,链家的以上产品可以在很大程度上满足客户的短期资金周转需求,加大促成交易的可能性。

首付贷的资本成本相对较高,年化利率一般在12%—20%,期限从3个月到3年不等。中介一般有自己的自营平台,如搜房网、链家、世联行等都有自己的自营公司。它们的放贷范围基本是自己的楼盘或有合作的地产商。在这种模式下，地产商或中介机构对这些楼盘比较熟悉，对客户的各种情况也会比较了解。同时，上述机构也提供二手房交易的过桥贷款。如果是置换型购房者，通常自己有住房，由于之前房屋没有售出，在短时间内首付资金紧张，此时就需要贷款。这类贷款通常有抵押，因此也比较安全。而对于首次购买二手房而没有抵押的购房者来说，使用"首付贷"则可能出现风险。

上述几家机构在金融业务上也发力明显。以搜房网为例，2016 年，其金融服务营业收入为 2960 万美元，比上一年的 320 万美元增长了 814.2%，增长主要原因是金融服务和研发相关产品的快速增长。世联行发布的 2015 年年报显示，该公司 2015 年一共发放了家园云贷 32209 笔，放贷金额为 29.92 亿元，同比分别增长 65.05%、51.9%；该产品为公司带来收入 4.15 亿元，同比增长 69.54%，这部分收入占世联行 2015 年全年收入的 8.8%。链家理财同样发展迅速，截止到 2016 年 2 月 29 日，链家理财平台数据显示，其成交金额为 180.5 亿元，发放收益 17.9 亿元，用户规模 31 万。

上述机构在 2016 年大力推广其金融产品，并宣称金融将成为其未来的盈利增长点。除了房地产中介进行自营，一些地产商和房地产中介也会与第三方机构合作提供这类服务。这种模式和自营模式类似，都由地产商或房地产中介主导，在为客户提供服务的同时，还可向客户推荐产品。比如中原地产就选择了这样的模式做金融，从 2015 年 4 月开始，中原地产就与包括银行、基金、信托、券商、资管在内的 100 多家金融服务方建立了合作关系，共同推出金融产品为开发商和购房者提供融资方案。

从短期来看，房地产中介机构通过提供类似首付贷等金融产品，对房地产市场去库存起了一定的积极作用，毕竟首付贷和股票市场、期货市场的杠杆不一样，短期波动性不足以导致房价全面暴涨。但是"首付贷"这个产品本身，其实质是透支了未来的价格上涨预期，在政府流动性不断宽松的各项政策利好条件下，会推动房价持续上涨。

3.1.2　2016 年下半年至今房价整体趋向稳定原因分析

（1）在加快去库存背景下，房地产政策由宽松转向收紧

2016 年下半年开始，房地产政策呈现"后紧"的局面。2016 年上半年，全国政策延续 2015 年的宽松基调，降首付、降税负、宽信贷等政策叠加刺激。随着房地产价格大幅攀高，房地产市场泡沫进一步严重，泡沫破裂引致系统性金融风险的声音越发强烈，引起高层高度关注。2016 年第三季度末，房地产政策紧急刹车，由宽松转向收紧，房地产市场进入新一轮调整期。2017 年随着经济 L 型企稳及各大中城市房价暴涨，金融风险凸显，主要有抑制资产价格泡沫，防范金融风险，因城施策去库存的管理政策；根据住房消化周期决定土地供应的土地政策；热点城市重启限购的住房需求政策；热点城市启动限售、限价的住房供应政策；提高利率、提高首付、限制贷款、控制融资的金融政策等。

从地方层面看，2016 年第三季度后，22 个热点城市密集出台调控政策，一线城市采取了更严格的调控政策，部分二线热点城市全面收紧。2016 年 9—10 月，各地方政府集中出台调控政策，反映了中央对本轮房地产市场过热的担忧。从整体看，调控意图上，政策本意是为发烧的市场降温，以稳定为主，防止房价过快上涨，促进市场各参与主体回归理性，降低杠杆率，防止泡沫破裂导致发生系统性风险；调控内容上，限购、限贷仍是主流，部分城市提出了加大土地供应力度等长期措施，如北京；调控重点上，政策主要针对需求端，供给端调控较弱。

（2）在供给侧改革背景下，住房长效机制正在逐步建立

在短期去库存的同时，"以人为核心的新型城镇化""购租并举"以及出台房地产税、加强保障房建设等房地产市场长效机制逐步建立。2016 年 12 月 16 日，中央经济工作会议提出，要加快研究建立符合国情、适应市场规律的房地产平稳健康发展长效机制。2017 年 12 月 20 日，中央政治局会议分析研究 2018 年经济工作指出，2018 年要引导和稳定预期，加强和改善民生，要加快住房制度改革和长效机制建设。预计下一步要加快建立多主体供应、多渠道保障、租购并举的住房制度，发展住房租赁市场特别是长期租赁，保护租赁利益相关方合法权益，支持专业化、机构化住房租赁企业发展。完善促进房地产市场平稳健康发展的长效机

制，保持房地产市场调控政策的连续性和稳定性，分清中央和地方事权，实行差别化调控。

3.2　土地财政因素分析

土地财政是指一些地方政府依靠出让土地使用权的收入来维持地方财政支出。土地财政推高房地产价格的具体影响因素主要体现在土地价格、土地供应量、土地供应方式与结构三个方面。许多学者认为，以土地出让金收入为主的土地财政行为加大了土地成本，从而推高了住宅开发成本，抬高了房价。例如，地方政府为使土地财政收益最大化而采取的抬高土地出让价和人为限制土地供应量等方式造成土地市场的稀缺，从而推高了房价。在正常情况下，如果房地产市场暂时不景气，开发商资金链比较紧张，房地产开发商对土地这种生产要素的需求也会下降，那么地价也自然会跟着下降。但地方政府在土地财政的利益驱使下，不愿降低地价出让土地，也不愿意看到很多地块因开发商的报价普遍低于底价而流标，因此地方政府会选择减少土地供应量，这就使本来可以通过市场机制来调节的土地供应量被扭曲了。正是通过这种手段，地方政府才能够把土地出让的价格维持在一个较高的水平以保证其最大收益。在近年来保障房用地优先供应的政策背景下，土地供应结构发生大的偏差的可能性较小。但由于保障房的供应结构等问题，保障房不仅对维护房地产市场稳定的作用较小，而且容易形成寻租行为。

3.3　城镇化因素分析

中国城镇化战略长期存在控制大城市规模、积极发展中小城镇的倾向，这与人口大都市圈化趋势明显背离。由于人口流动主要由市场决定，土地供给主要由政府决定，上述政策结果是：一线和部分二线城市人口增长、土地供给不足，三线和四线城市人口增长缓慢、土地供给过多，由此造成土地供需错配，形成当前一线和二线城市房价泡沫、三线和四线城市库存泡沫的现状。从地区层面看，城镇人口增长与城镇用地供给错配；从城市层面看，流入大量人口的一线和部分二线城市土地供给被严格控制，而人口增长明显放缓乃至停滞的三线和四线城市土地供给偏多；从用地类型看，中国长期存在工业用地供给过多、利用低效的情况，这对居住用地供应形成挤压，在一线城市也不例外；从城乡建设用地结构看，乡村用地不减反增，也抑制了一线和重点二线城市城镇用地及居住用地的供给。

4. 房地产价格上涨影响分析

4.1　对实体经济的影响

大量资金流入房地产行业，会导致流向实体经济的资金严重不足，会对实体经济的复苏造成很大的挤压效应，而实体经济才是百姓就业的主要渠道。而且，房地产的高投入并未对我国GDP（国内生产总值）的增长带来明显的拉动作用，反而在一定程度上制约了我国实体经济前进的步伐。同时，房地产泡沫对我国金融体系形成了巨大挑战，一线城市房价一路走高，房地产市场上出现大量场外配资、加杠杆现象，加大了房地产行业的金融风险，一旦泡沫破裂，将会对国家信用支撑的金融体系造成沉重的打击，其后果不仅会影响整个经济的正常发展，还会影响社会的稳定。

（1）实体经济投资环境恶化与房地产热潮

在国内宏观经济形势回落下的通货紧缩以及市场波动加剧的双重压力下，支撑中国经济的中小企业面临着因原材料价格不稳定引发的经营风险，形成了影响企业生存和利润的第一层压力——原材料成本压力；同时，随着人口红利消失、老龄化加剧，直接造成了人力成本的上涨，形成了影响企业生存和利润的第二层压力——人力成本压力；随着经济的不景气，银行和各信贷机构缩紧对中小企业的资金投放，使中小企业融资成本高企，加大了企业的财务风险，形成了影响企业生存和利润的第三层压力——融资成本压力。在这三层压力下，实体经济深陷困境，不少企业家告别实体经济而进行其他方面的投资，比如房地产投资。对比如此严峻的实体经济投资环境，房地产市场在政府利好政策的刺激下掀起购房热潮，即经济发展对房地产依赖程度不断加深，这将使深陷困境的实体经济雪上加霜。

（2）房地产对实体经济的挤出效应与拉动效应的对比分析

① 房地产对实体经济的挤出效应显著

房价的短期暴涨需要大幅度的增加货币资源；相反，民间消费在萎缩，实体经济在下行，政府将所有的资源扶持给了国企、外资和民企巨头，给它们带来更多的资金，但增量资金通过金融系统流向了房地产。这种情况下的中小企业，一是得不到资源扶持，二是面临更高的成本。中小企业负担加重，使实体产出进一步萎缩，这就是房地产对实体经济的挤出效应。

从房价增速与工业企业利润的关系来分析，在 2015 年之前，房价增速与企业利润总额增速的走势大体一致。2013 年房价持续增长的同时，工业企业整体利润也是上涨的，2014 年房价增速大跌也导致工业企业利润跌幅剧烈。这在一定程度上说明在 2015 年之前房价与工业企业利润存在一定的正相关性，因此，2015 年之前房地产市场的发展对工业企业具有一定的拉动作用。但是这一作用在 2015 年开始出现反转，房价的上涨并没有对工业企业利润带来拉动作用，其主要原因在于房地产行业TFP（全要素生产率）水平较低且增长缓慢，房价上涨在促进房地产行业繁荣的同时，吸引了更多的资源进入 TFP 更低的房地产及其相关行业，导致资源错配和资源再配置效率下降，进而阻碍了总体生产率的提高（陈斌开，等，2015）。

② 房地产对实体经济的拉动效应有限

从房地产对 GDP 的贡献角度来说，房地产行业对经济的拉动作用相对于投入而言并不明显。具体来说，房地产行业增加值占国内生产总值的比重一直维持在很低的水平。2018 年 9 月，房地产对 GDP 增长的贡献率是 4.3%，但是我国房地产投资额占 GDP 比例高达 13.4%，对比其高额的投入，其资源浪费是相当巨大的。同时，从 2014 年开始，高投入的房地产行业增加值的增速明显跟不上 GDP 的增速，不但没有对整个经济起到拉动作用，反而拉低了 GDP 的增速。2017 年数据显示，房地产高投入趋势换来的是相对于投资而言很低的对 GDP 增长的贡献，这样一来，其他产业成了牺牲品，得到满足的仅是投机需求。

从房地产拉动经济增长的角度来说，房地产业虽然能够带动钢铁、玻璃制造、水泥等上游产业的发展，但是房地产业过度占用资金的情况对上游产业未必有利。从目前房地产建设成本看，对其他产业的作用并不大。房地产开发的基本构成要素包括五个方面：土地价格或者使用费、前期开发工程费、建筑安装工程费、开发管理费以及房地产开发企业的利润和税金。其中，只有建筑和安装可以带动相关产业。购房之后的装修、家电配置等需求对下游产业消费的带动作用只有自住需求才能够产生，投资性购房则未必具有带动消费的作用。

在实体经济不景气的背景下，通过房地产热潮对实体经济的效应分析，表明其挤出效应显著，相比之下，对经济增长的拉动效应较弱。这与以前中国经济蓬勃发展时期刺激房价带来的效果有所区别。

（3）房地产为实体经济埋下隐患

目前，我国房地产业已成为巨大的吸金池，对实体经济资金的吸附作用十分明显，为实体经济埋下了隐患，具体表现如下。

① 住商倒挂，折射出宏观经济的低迷与房地产业自身存在的问题

一个健康的房地产市场，相同地段的商业地产项目，其售价应该比住宅项目高出 30%左右。但是，从 2016 年开始政府强力推动自住型商品房和保障房，导致住宅过热、商业很弱，进一步导致价格倒挂。目前国内部分一线城市，商铺价格不但严重低于同地段的住宅价格（住商倒挂），而且还出现严重滞销的情况，这表明当前商品住宅的火爆局面缺乏实体经济的支撑，房地产业自身也不正常。

② 各路资本纷纷投入房地产业，引发市场资源配置不协调

如果其他条件不变，当房地产业价格持续上涨，出现超额利润时，必将引起房地产投资的挤出效应，而由于挤出效应所造成的产业结构变化也必将引起社会总产出的减少。资金对房地产的过度追捧，很有可能导致未来我国经济结构不平衡和资源配置长期的无效率。由于经济比例的暂时失调不可能长期持续存在，市场必定会向理性回归，而这个回归过程可能是剧烈的。因此，一旦房价出现大幅波动，整个房地产业会出现大幅调整，社会的整体产业结构会发生剧烈变化，房地产投资产生挤出效应在无形中为长期经济发展埋下了一颗定时炸弹，增加了整个宏观经济的风险。

③ 房地产新一轮泡沫正在形成

目前国内投资经营环境恶化，投资渠道狭窄，最好的渠道就是买房保值增值，从而造成许多企业家暂时不经营实体而改为投资房地产业。投机者买房的目的是为了将来卖房，即赚差价，一旦后续购买力跟不上、整体经济下滑、资金链断裂，就会出现泡沫破裂、抛盘涌出的情形。现在楼市的最大问题是价格上升缺乏经济增长做基础，而是单靠资产储存模式转移，缺乏新增的购买力。

4.2　对人民生活的影响

房价上涨过快，导致购房者贷款额和还贷量增大，而购房者的可支配收入在短期内却未明显增加，绝大多数购房者纷纷削减了衣着、教育、医疗、休闲娱乐等方面的消费。还有许多潜在的购房者也只能节衣缩食，以积攒首付款提前购房。这严重削弱了我国刺激内需的政策效果，成为扩大居民消费需求的重要障碍之一，严重制约了与住房无关产业的消费需求的增加，从而使国内其他企业没有持续创新的投入和动力。

房价大幅上涨是一种不公平的利益转移，意味着财富以货币和固定资产的形式向少数高收入者，特别是向投机购房者和房地产商手中集聚。相对而言，大部分居民和经营者的收入则变相缩水，导致收入差距进一步拉大。低收入居民收入的增长远远赶不上房价的增长，住房支付能力逐步下降，许多人被排斥在住房市场之外，越来越多的人尤其是奋斗在一线、二线城市的年轻人离自己的住房梦越来越远。

5. 房地产行业杠杆过高带来的金融风险

（1）银行体系房贷增加，带来坏账风险

由于房地产市场前几年的高额回报率，再加上最近一线城市房价的暴涨以及房价继续上涨的预期，各路资金会加大对房地产市场的投入。房地产业一直是银行的优质客户，银行甚至不顾审批程序的不合规，通过各种途径解决房地产信贷问题，争相贷款给地产商，这也为房地产泡沫破裂后引发银行大量坏账埋下了隐患。而房地产业从开发到销售整个过程都需要大量的资金支持，单凭自有资金是不可能完成整个过程的，而国内其他融资渠道还不完善，银行毫无疑问就成为房地产投资资金的主要来源。从购房者角度来讲，面对目前国内的房价，中低收入家庭不可能在短时间内全额支付，这就需要从银行办理房屋抵押贷款，而房屋目前的市场价值又比较高，银行也不会严格限制个人住房贷款，这些因素都增加了银行贷款中房地产相关贷款的比重。但是由于我国金融监管体系还不完善，对信贷的制约手段也比较少，对房地产市场的信贷没有一个比较合理的科学指导体系和监督机制，所以随着房地产信贷的扩张、房地产泡沫的持续膨胀，金融风险还会不断加剧。

2018年2月14日，央行发布《中国货币政策执行报告（2017年第四季度）》。报告披露，2017年房地产贷款余额为32.2万亿元，同比增长20.9%，房地产贷款占各项贷款余额的26.8%。银行业的房地产抵押贷款比例过高，一旦发生大面积违约，银行的运作就难以维系。因此，我国房地产市场的风险主要集中于银行领域。

（2）场外配资机构、房地产中介机构加杠杆，扩大了风险头寸

2016年，北上深一线城市房价联袂暴涨，这场"竞价"游戏已然脱离了供需层面，成为"金融失控"野马。其中，房地产场外配资引发热议，虽然据估算，过高的杠杆远没有达到触发金融风险的程度，但是仍然是我国系统性风险的重要因素。考虑到房地产市场巨大的体量、影响力和在中国经济结构中的重要程度，房地产杠杆应该并且已经引起充分警惕与重视。

① 房地产市场高杠杆机制

根据中国楼市政策规定，三成首付比例（限购城市）已被认为是较高杠杆，但是央行公布的金融数据显示，银行系统的信贷投放中，个人住房按揭贷款、保障房开发贷、土地一级开发贷、政府平台贷，以及企业置换内保外贷或美元债，是新增贷款的主要投向。除此之外，场外配资正呈现出疯涨之势。有分析指出，目前购房者可利用中介推出的金融产品抬高杠杆支撑点。有数据显示，目前房地产交易市场中，三成购房者是借助中介公司杠杆来完成购房的。虽然限购、限贷、限售、限价为主的调控措施已经初具成效（据融360统计，2017年7月全国首套房平均贷款利率为4.99%，环比上升2.25%，同比上升12.38%，自1月以来

已连续 7 个月上升），但是我国居民购房杠杆仍然较高，"炒房团"热情不减。这从 2017 年 4 月 1 日"雄安新区"政策带来的影响中可见一斑。"雄安新区"政策出台后雄安房价一夜上涨 50%，当地房价从 2016 年的 4000 元—5000 元/平方米变为 2017 年 4 月的 10000 元/平方米以上，二手房报价甚至达到 15000 元/平方米，房地产投机性需求仍然无时无刻不在刺激着本来就过高的杠杆，同时也为整个金融体系带来了极大的系统性风险。

②　场外配资拉高房地产市场的交易成本

愈发杠杆化的房产行情，使得房市交易成本呈现边际递增特征。首付款杠杆融资的利率相对高于个人按揭贷款的利率，且首付款杠杆融资的期限较短，这增加了交易型房市行情的交易成本。而且首付款比例下降与按揭贷款规模的提高，同样增加了房市的交易成本。此外，随着房价在短期交易型行为推动下的上涨，首付款融资和个人按揭贷款的规模也将随房价呈上涨态势，从而使房市的交易成本呈现边际递增状态。这使得当前短期交易型需求行情持续的时间越长，交易成本和交易过程中的价值耗损就越高，进而带有典型的美国次贷特征。

虽然房地产杠杆目前太平无事，但并不意味着从此就可以高枕无忧，购房用于自住或许问题不大，但同时还有相当一部分人是投资需求，他们对价格下跌十分敏感，这个群体的杠杆过大、不透明都导致潜在的金融风险。

（3）房地产泡沫引发的金融风险

由于一线城市房价一路上涨，并且在国家政策的支撑下，大多数人会有一个持续看涨，至少不看跌的预期，因此，出现一线城市房屋成交量大幅增加、房价持续上涨现象，这时银行的传统信贷已经不能满足投机者对资金的需求，于是大量配资以及房地产中介的加杠杆行为进入房地产市场，这无形中加剧了房地产泡沫。然而疯狂购房是出于投机需求，真正需要住房的消费者却因为高额的房价和房源的短缺而哀叹。这一投机需求，导致房地产商在前期库存还未消化的情况下，又加大房地产的开发，这从最新的房地产投资完成额数据可以反映出来。但是房价的持续上涨没有实体经济的支撑是很脆弱的并且最终是很难维持的，当房地产市场发生改变，比如国家政策变化或者由于政府查配资、去杠杆等加大金融监管力度时，投机者就会纷纷将资金从房地产中抽离出来，大量抛售房产，而市场对房价看空普遍持观望态度，房屋供给就会远大于实际需求，房价就会面临大幅下跌的趋势，这时房地产开发企业和投机者就会被套牢。而房地产商使用的资金大多来自银行信贷，投机者的资金大量来源于高杠杆，由于房地产是流动性差的资产，房地产商库存卖不出去再加上前期在房地产行情看好的情况下投入了大量资金，泡沫一旦破裂，房地产商没有资金归还银行贷款，就会出现债务危机，同时银行坏账也会浮出水面；大部分投机者是通过高杠杆买房的，一旦泡沫破裂，房价将会大幅下跌，由于投机者买房时首付很低，如果此时投机者继续还贷将会损失更大，因此会出现大量的弃房违约事件。泡沫的聚集会给金融机构带来系统性风险，风险聚集到一定程度会引起金融市场恐慌和债务链的崩溃，最终酿致金融危机。许宪春等分析了本轮房地产泡沫的产生机理与金融风险的联动机制，如图 1.4.5 所示。

国家政策支持→银行信用扩张→房地产价格上涨→房地产中介加杠杆
                   ↓
政策变化（查配资、去杠杆）←房地产泡沫←投机狂潮←过度交易
 ↓
内部人撤资→房价下跌→财务困难→弃房违约→信用终止
                   ↓
最后贷款人←经济崩溃←金融危机←抛售、挤兑←市场恐慌

图 1.4.5　房地产泡沫与金融风险关联模型

资料来源：许宪春，贾海，李皎，李俊波.房地产经济对中国国民经济增长的作用研究[J].中国社会科学，2015(01):84—101，204.

6. 房地产市场的风险防控措施

（1）实行差别化楼市政策

针对一线城市和三线、四线城市房地产市场冰火两重天的事实，要实行差异化的政策，如不同的税收、信贷、首付款最低比例和限购政策

等。对北京、上海和深圳等一线城市，要坚持限购和限贷的政策，抑制房地产的投机需求，防止泡沫的进一步扩大；对于三线、四线城市，可以实行相对宽松的房地产政策，放松限贷限购的政策，继续去库存。

对于一线城市，要实行针对性调控政策。在需求端方面，继续严格实行限购政策，提高二套房的首付款比例以及贷款利率。从供给端来看，增加土地的供给，推进保障房建设和棚改，从而增加住房供给。

对于三线、四线城市来说，重要的是扩大对住房的有效需求。落实户籍制度改革，允许农业转移人口等非户籍人口在就业地落户，使他们形成在就业地买房或长期租房的预期和需求。

转变房地产商既有的去库存模式，不再只依靠售房去库存，可以通过出租的方式来缓解库存压力。因此要建立购租并举的住房制度，发展住房租赁市场，鼓励商业机构购买商品房用于出租，从而助力去库存工作。同时实行优惠的政策，降低首套房的最低首付款比例，刺激刚性需求；对于改善性的二套房购买需求，也可以放宽限制，适当降低首付款比例。2025 年中国城镇住房租赁市场的占比将提高 25%以上，市场化、机构化的长期租赁住房，将得到前所未有的政策支持。例如：①北京、上海、深圳等地方政府将大量优质土地以极低的价格定向供应给地方国有企业，用于建设长期持有的租赁住房，发展住房租赁市场；②《利用集体建设用地建设租赁住房试点方案》确定在 13 个中心城市开展利用集体建设用地建设租赁住房试点；③《关于推进住房租赁资产证券化相关工作的通知》将重点支持房地产作为底层资产的资产证券化产品，并试点发行房地产投资信托基金。

（2）对楼市杠杆进行监控和调整，抑制房地产投机

针对三线、四线城市的去库存政策，却引起一线城市和部分二线城市房价的上涨，很大一部分原因要归于房地产市场中的投资和投机需求的增加，而金融的加杠杆使得这种投资和投机得以实现。所以要想抑制一线城市房价的进一步上涨，必须严格把控房地产市场中的金融杠杆。

金融监管部门要对目前的小贷公司、众筹、P2P 网贷平台和其他房地产交易中介通过"首付贷"等产品变相提供购房首付贷款的行为进行监管，掌控杠杆贷款的规模，监控其风险状况，在必要时应叫停此类业

务，防止房地产市场杠杆过高带来的金融风险。

（3）加强房地产信贷的压力测试，防范房地产不良贷款

银监局应当督促各银行在积极支持房地产去库存的前提下采取差别化信贷政策，加强对房地产信贷的压力测试和风险监测，并要求各机构强化风险总敞口管理，合理设定符合自身风险偏好的房地产信贷政策，加强对商业地产的风险管控。应针对信用风险开展综合排查，具体来看，要继续强化全口径政府债务管理和地方政府存量债务置换，防范融资平台贷款风险。此外，关联企业贷款、担保圈企业贷款应受到重点管控，以避免企业资金链断裂引发连锁反应、放大风险传染、增加银行不良贷款。

（4）完善资本市场，增加投资渠道

总体而言，股价和房价呈现负相关关系。利率下降和金融市场波动及其引致的资产荒，推动大量资金寻求高收益，尤其是股市大幅震荡使得房市成为保值增值的主要途径。同时，利好政策的刺激助推一线城市房价上涨，使得一线城市房地产泡沫严重。

因此，完善资本市场，促进其健康发展，发挥其投资功能，对资金的有效配置尤为重要。具体来说，要加强资本市场的法律法规建设，加大执法力度，维持资本市场的正常运行，避免资本市场的大起大落。而股票市场的完善尤其值得重视，要培养机构投资者，壮大机构投资者队伍，提高机构投资者的比例，发挥机构投资者对股票市场的稳定作用。

同时，要增加人们的投资选择，在控制风险的前提下进行金融产品的创新，开发多样化的新型投资工具，不断满足个人投资者的投资需求；也要丰富产品结构，公募与私募并行发展，交易上要兼顾场内与场外，产品上要股票、债券、期货协调发展。

（5）推动实体经济的发展，防范房地产泡沫

房地产价格不能持续稳定上涨归根结底在于没有实体经济做支持，显得尤为脆弱。房地产热潮并非由于投资和资金的持续注入，更多是一种资金的暂时性转移。只有实体经济活过来了，才能真正激活房屋的有效需求，带动经济持续发展，而不是反过来靠房地产拉动经济发展。

因此，促进经济发展，防止房地产泡沫之根本是盘活实体经济，需要国家政策的引导和扶持，使资金重新流入实体经济。这就要求政府进

行税制改革，从根本上做到对实体经济减税减负，降低企业的融资成本，增大其盈利空间，使实体经济有利可图，吸引资金流入实体经济。

（6）稳健推进房产税改革

总体而言，房产税是提高房产持有成本，降低房地产投机性需求的重要工具。但是相对国外而言，房产税在我国的推进面临许多问题与困难。从法律角度，我国土地公有，居民只是获得了土地的使用权，因此房产税的推进缺少法律依据；从结构角度，我国目前一线城市投机性需求过高，但如果房产税全面推进，会进一步影响三线、四线城市的去库存进程；从征收标准角度，目前并没有就税率以及征税标准达成统一标准；从房屋性质角度，我国房屋性质多样，如商品房、保障房等，难以形成统一的征税模式；从具体实行角度，一方面我国没有统一的机构对房产进行评估，另一方面我国现有税种以个人所得税为主，房产税的征收需另辟蹊径。并且，根据在上海、重庆试点的结果看，房产税对投机性需求的抑制作用有限。但长期来看，房产税的推出势在必行。

（7）降低地方政府对土地财政的依赖

出让土地从而获得高额财政收入，一直是地方财政的一个重要来源。但是一些地方政府过度依赖土地财政，造成土地、房产的过度开发，导致地方房产库存量居高不下，难以化解，也导致了土地的过度出让与过度消耗。因此"去库存"应在一定程度上"去"土地财政，降低地方政府对土地财政收入的依赖性，实现资源的均衡配置，实现经济和社会的均衡发展。

（8）从根本上来看，要协调城市间的发展

一线城市住房价格之所以能走高、保持旺盛的住房需求，是因为其具有就业、教育、医疗、养老等资源的优势，从而吸引了大量的人口和财富集聚。而三线、四线城市就业机会较少，教育水平和医疗卫生条件落后于一线发达城市，所以吸引人口流入的动力不大，对房屋的需求远远小于一线城市。要想解决一线、二线城市和三线、四线城市房地产市场的分化问题，从根本上来讲，要协调城市之间的发展，不断提高三线、四线城市的发展水平。这需要从以下几点着手：发展三线、四线城市的经济，增加就业机会；改善三线、四线城市的教育和医疗等水平，政府在这个过程中应该给予更多的政策扶持；加强城市基础设施和环境建设，做好交通、水电气配套、学校、商业网点、自然环境等基础设施的综合配套工作，优化居住环境和提高居民的生活品质，从而提高其对人口的吸引力；完善三线、四线城市的社会保障制度，加强社会保险、社会救济和社会供养（子女补助、教育和培训补助、伤残人员照顾）等制度的建设，消除居民在社会保障方面的后顾之忧。

（五）银行间同业拆借市场风险和防控

银行间同业拆借市场作为基准性市场，是形成基准利率的市场，其运行的相对稳定对国家金融稳定至关重要。诚然，银行间同业拆借市场也绝非平静如水。在市场剧烈波动时，国家理应采用及时有效的货币调节工具进行稳定，否则，金融市场的风险将会快速积聚甚至突然释放，对国家金融稳定和经济发展带来不容小觑的负面影响。当然，如果能从金融监管的制度上进行完善，防止银行间同业拆借市场风险积聚，从而为金融市场创造良好的基础环境，将是上上策。2013 年"620 钱荒"事件就是此类风险事件的典型，我们需要仔细研究其前因后果及解决方案，并牢记在心。

1. 银行间同业拆借与 Shibor

1.1 银行间同业拆借

同业拆借，是指经中国人民银行批准，进入全国银行间同业拆借市场的金融机构之间通过全国统一的同业拆借网络进行的无担保资金融通行为。拆出资金限于交足存款准备金、留足备付金和归还中国人民银行到期贷款之后的闲置资金，拆入资金用于弥补票据结算、联行汇差头寸的不足和解决临时性周转资金的需要。禁止利用拆入资金发放固定资产贷款或用于投资。

银行同业拆借（Inter-Bank Offered Credit）是指银行之间的资金融通。我国同业拆借市场成立于 1986 年，发展至今，交易规模不断增加，参与机构类型更加广泛——证券公司、保险公司、信托投资公司、财务公司、证券投资基金和基金管理公司等交易主体都可参加，形成多层次的市场需求，市场流动性进一步提高，法律法规进一步完善，同业拆借利率逐步发挥了市场基准利率的导向作用。

1.2　Shibor

上海银行间同业拆借利率（Shanghai Interbank Offered Rate，简称Shibor）于 2007 年 1 月 4 日开始正式运行，是由信用等级较高的银行组成报价团自主报出的人民币同业拆出利率计算确定的算术平均利率，是单利、无担保、批发性利率。目前，对社会公布的 Shibor 品种包括隔夜、1 周、2 周、1 个月、3 个月、6 个月、9 个月及 1 年。银行报价团目前包含 18 家商业银行。由于银行间同业拆借多为日拆，因此隔夜 Shibor 的基准性更强，因此下文中对 Shibor 的讨论主要围绕隔夜 Shibor 进行。

全国银行间同业拆借中心在每个交易日根据各报价行的报价，剔除最高、最低各 4 家报价，对其余报价进行算术平均计算后，得出每一期限品种的 Shibor，并于 11：00 对外发布。

Shibor 通常是银行间拆借的参考利率，同时也能反映市场上的资金松紧程度，是金融体系中的关键点之一。图 1.5.1 是隔夜 Shibor 自 2010年以来的走势，我们关注两个标志性事件。

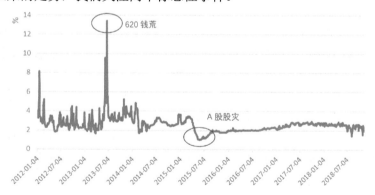

图 1.5.1　2012-01-04—2018-11-09 隔夜 Shibor 走势

资料来源：Wind。

（1）"620 钱荒"事件

2013 年 6 月 20 日，Shibor 暴涨，隔夜利率报 13.4440%，比前一日大幅上涨 578.4 个基点；7 天期利率报 11.0040%，比前一日上涨 292.9 个基点。事实上，Shibor 指数自 5 月起便已开始不断上涨。6 月 6 日有市场传闻称，光大银行向兴业银行同业拆借的千亿元到期资金违约。尽管该消息于次日被辟谣，但 6 月 8 日隔夜拆借利率就出现了 9.5810% 的小高潮。6 月 19 日和 20 日，有传闻称，由于有银行没有足够的存款准备金，银行间交易延长半小时，但这仍然不能缓解市场上资金短缺的情况。20 日，市场传出中国银行同业业务违约，接着又有传闻称工行被央行放水 500 亿元，Shibor 才有所下降；但中行和工行的传闻均在晚间被辟谣。

2013 年 6 月银行间市场是否出现违约，外人无从知晓，但从 2013 年光大银行 H 股 IPO 的招股说明书中可以看出些许端倪：2013 年 6 月 5 日晚间，光大银行的两家分行由于未能从某些交易对手方收到同业存款承诺下的资金，且反馈至总行时出现非故意延迟，人民银行的大额支付清算系统已经关闭，导致当日营业终止前未能及时支付另一家银行 65 亿元到期的同业借款。随后经贷款银行同意，光大银行分行于 6 月 6 日全额偿还了该笔借款。因此，2013 年 6 月前后，银行间市场的确发生了较为严重的违约，反映了当时流动性短缺的事实及我国银行业风险管理能力的不足。

面对流动性紧缺的局面，央行不但没有注入流动性，反而于 6 月 18 日和 20 日发行了 3 个月期 20 亿元中央银行票据，进一步紧缩流动性，使不少银行措手不及。直到"620 钱荒"事件发生，为平息市场恐慌情绪，央行才向部分符合宏观审慎要求的金融机构提供了流动性支持。

进入 2013 年 12 月中旬以来，Shibor 再次出现上涨的局面。12 月 18 日，7 天 Shibor 报 5.9020%，比前一日大涨 144.3 个基点；12 月 23 日，隔夜拆借 Shibor 报 4.5150%，7 天 Shibor 报 8.8430%。"钱荒"事件提高了市场利率，提高了投资和融资等成本，对实体经济造成了一定损害。

（2）2015 年 A 股股灾引起的 Shibor 波动

第二个事件发生在 2015 年二季度前后。2 月，存款准备金率下调

0.5%。3 月，推进信贷资产证券化、扩大企业债券发行规模等。信贷扩张打开了 Shibor 的下降通道，从 3.4%一路下降到 6 月 1 日的 1.027%，此时沪深 300 指数踏上 5000 点。短短几个月的时间，信贷扩张明显，导致利率下跌。随后，7 月、8 月，监管机构的各种监管手段极大地收缩了流动性，Shibor 有所上升，并从三季度末开始稳定在 2%左右。

此后，Shibor 经历了一个相对平稳的阶段。2015 年第四季度和 2016 年前三季度，Shibor 一直稳定在 2%左右。2016 年年底，国内信用债违约事件频发，导致银行间市场资金紧张，Shibor 再次上升。2018 年以来，在"强监管、稳货币"的环境下，央行货币政策操作呈现先中性偏紧后边际宽松的特点，以不断对冲严监管和金融去杠杆对货币投放的负面影响，在此背景下，Shibor 大体呈现前高后低的走势。

1.3　"620 钱荒"的原因

（1）银行资金结构扭曲

中国人民银行在《中国金融稳定报告（2014）》中明确指出："我国金融机构利用同业、理财等短借长贷是加大市场流动性波动的主要原因。"当银行的资产和负债期限错配，并且资金投向缺乏效率时，银行容易出现流动性紧缺问题，会加大同业拆借市场波动性风险。银行资金结构扭曲的一个代表就是表外业务（即影子银行）。商业银行的表外业务主要有两种模式：银行间同业业务和理财产品。下面进行具体的分析。

① 银行间同业业务的期限错配

2013 年 6 月的"钱荒"与同业业务期限错配有关。

银行通过与不同的金融机构主体如其他商业银行、信托公司、证券公司等合作，购买信托受益权、理财产品、买入返售金融资产（包括买入返售信托受益权和买入返售票据）等形成同业业务资产。这些资产通常具有长期性质，属于银行的长期投资。而购买同业资产的资金有一部分是拆入的短期资金，即银行从同业拆借市场上拆借的资金，这样形成的同业负债就具有短期性质。同业资产与同业负债的期限错配加重了银行流动性资金的紧缺状况，当短期的拆借资金到期时，银行需要再到同业拆借市场进行短期资金的拆借，以便为前期的拆借提供资金。这种对拆借资金源源不断的需求加大了同业拆借市场利率波动的概率，因为当同业拆借的需求较大时，一旦遇到一些外部原因使得市场流动性变得紧张，这时依然较大的拆借需求便会推高拆借的利率。因此，银行同业业务资产和负债的期限错配加大了同业拆借市场波动的风险。

同业业务中的非标金融资产由于极其缺乏流动性，给期限错配雪上加霜，这些都使得银行间同业拆借的风险加大，这也是 2013 年银行忽然出现流动性资金短缺的重要原因。买入返售金融资产就是一种"非标资产"。表 1.5.1 给出了部分银行买入返售金融资产的数据。从表中可以看出，2013 年我国各上市银行的买入返售金融资产规模处于各年较高水平。随着监管的加强，买入返售金融资产规模大幅下降。

表 1.5.1　部分银行买入返售金融资产　　（单位：亿元）

银行	2012 年	2013 年	2014 年	2015 年	2016 年	2017 年
兴业银行	408.36	502.31	563.35	273.82	45.11	28.79
招商银行	36.71	115.58	204.61	121.02	47.36	51.36
光大银行	131.37	99.27	88.29	87.68	28.48	23.15
浦发银行	143.18	161.83	171.47	68.66	10.12	11.77
中信银行	52.08	112.00	121.94	39.98	8.57	10.68
华夏银行	145.67	112.98	52.43	49.89	28.67	16.87

资料来源：Wind。

② 理财产品使得银行面临流动性问题

银行通过发行理财产品来筹集资金，期限较短，将筹集到的资金向地方政府融资平台、房地产企业等长期资金的需求者发放贷款，这样就出现了银行资产和负债期限错配的现象，很容易使银行面临流动性紧缺问题。当理财产品到期时，银行投资的长期项目无法收回资金，这时银行的流动资金不足，难以应对支付需求，只好去银行间同业市场拆借，资金需求的短期急剧增加使得同业拆借利率大幅飙升。

此外，银行的理财产品还具有典型的"以短养长"的特征。如一种较短期的理财产品还未到期，期限稍微长一些的理财产品已经发行，后者还没到期，短期的理财产品又已经发售，这种滚动发行保持了银行总量资金的稳定性；但是一旦后续资金跟不上，便会出现流动性紧缺问题。2013 年 6 月份的"钱荒"在一定程度上及季度末大部分理财产品到偿还期有关，根据评级机构惠誉的测算，6 月末有超过 1.5 万亿元理财产品到期，这显然加剧了银行资金的紧张局面。

（2）常规性原因

从图 1.5.1 可以看到，即使没有风险性事件发生，Shibor 也在上下波动。通过分析 Shibor 近几年的走势可知，Shibor 大幅上升一般容易发生在季度末、年中、年末等时间节点，而这些时间节点因为存在着使银行流动性紧张的众多因素，导致银行的资金流出较多。如 6 月初是企业缴纳所得税的最后截止日期，当银行缴纳所得税时，企业在银行的活期存款等会流出；银行要上缴存款准备金，需要流动资金的支持；银行在年中、年末还面临着存贷款考核。这些因素都导致年中和年末时银行的流动性较紧张，对同业拆借资金的需求较大。此时，由于大部分银行普遍面临流动性问题，因此拆出资金的意愿较低，拆借的利率也就随之上升。

综上，年中、年末一直是银行资金较为紧缺的时点，如果此时再有风险性事件发生，便是雪上加霜，容易引起 Shibor 的飙升。

（3）外汇占款减少

美联储在 2013 年 1 月 3 日的政策纪要中暗示将退出 QE；5 月初，美联社发布新闻称美联储官员正在筹划退出 QE 的策略；北京时间 6 月 20 日凌晨，美联储宣布将在三季度逐渐收缩 QE。美联储退出 QE 的预期导致热钱不断从我国流出。近几年，美国的 QE 政策使大量热钱流入我国，外汇占款的提高也是近几年国内市场货币供应增加的重要渠道。然而，2013 年前 5 个月，外汇占款一直在减少。这也造成了市场流动性趋紧，从而抬高了资金价格。

（4）货币政策部门的不作为

我国货币供应量一直较为充足，按说流动性也是较为充足的，但银行还是发生了流动性紧缺。前面分析到的各种原因固然是银行出现流动性紧缺问题的幕后推手，但监管部门的不作为是此次风险爆发的根本原因。

首先，前期监管不到位。监管的缺位和漏洞是银行爆发流动性紧缺问题的深层次原因，由于监管部门对银行的表外业务缺乏完善的管理制度，无法对其进行有效的监管，同时也缺少相关的惩罚措施，这使得银行敢于因追求盈利目的而忽略流动性风险，约束和惩罚机制的不健全使得银行无所顾忌。

其次，事中应对不足。央行作为商业银行的最后贷款人以及流动性的宏观调控者，一般不愿意看到金融体系尤其是银行体系出现问题，所以当银行体系流动性比较紧张时，为了避免金融市场出现波动，央行一般都会利用各种货币政策工具向市场注入流动性以缓解流动性短期问题，而且市场也已经形成了这样的预期。但在"620 钱荒"事件中，央行并没有如市场预期动用 SLO①等工具释放流动性，反而紧缩了流动性，导致银行措手不及，流动性紧张问题不但没有解决，反而引起恐慌，不敢拆出资金，导致 Shibor 的飙升。张明等（2016）通过建立 VAR 模型，发现此次"620 钱荒"事件的原因之一是 5 月份 Shibor 的飙升。如果央行在资金紧张时及时注入流动性，防微杜渐，就不会有 6 月份 Shibor 的进一步飙升，以及市场的大面积恐慌。

综合前面的分析可知，2013 年 6 月 Shibor 的暴涨背后，是多重因素共同作用的结果。商业银行面临年中考核期，因企业上缴税费导致企业资金流出银行，影子银行发行的理财产品集中到期，央行调控未放松、没有为市场注入流动性，释放出偏紧的货币政策信号，外汇占款减少等，都是其背后的原因。

2. 银行间同业拆借风险隐患

（1）流动性风险传染

"620 钱荒"事件使利率上升、投资/融资成本提高，对实体经济产生了一定阻碍。虽然没有发生系统性风险，但这种风险隐患不容小觑。

我国银行同业业务形成的系统性风险隐患包括两个层面：一是同业业务使银行间资产负债相关联，银行系统形成的复杂的同业交易网络是

---

① SLO（Short-term Liquidity Operations），公开市场短期流动性调节工具。本质上是超短期的逆回购，采用市场化利率招标的方式进行操作，是央行于 2014 年 1 月引入的工具。

银行之间风险传染的重要渠道。二是同业业务的期限错配容易引发银行间市场流动性短缺，一旦流动性短缺严重导致个别银行发生同业负债违约，那么这一风险将会通过银行同业交易网络迅速扩散。由此，我国银行同业业务的迅速发展不仅会提高单个银行的风险，还会使银行体系的风险通过同业交易网络增强。

因此，对银行间同业拆借市场的风险进行防控是十分必要的。因为如果市场流动性波动剧烈，存在同业业务期限错配的部分银行将因资金周转困难而发生同业负债违约，从而引发流动性风险，甚至引发系统性风险。对此，中国人民银行近几年开始利用金融网络模型模拟同业资金违约引发的风险传染情况，以控制同业业务风险。对比 2014 年和 2015 年的结果发现：

大型商业银行是拆借市场的资金净融出方，其融入规模不到融出规模的 40%，由其引发的信用违约风险传染可能性小；而且大型商业银行的资本充足率较高，抵御风险的能力较强。

股份制商业银行是拆借市场的资金净融入方，其信用违约容易造成金融风险传染。

城市商业银行和农村商业银行的信用违约不会对其他银行造成很大影响。

2015 年比 2014 年的银行网络更稳健，金融风险传染的可能性更低。

由此可见，我国目前银行间市场的风险可控。但随着股份制商业银行的不断发展，作为拆借市场的资金净融入方，其信用违约容易造成金融风险传染，因此应该受到重点监控。

（2）对于我国银行间同业拆借市场风险的展望

自原银监会启动"三三四十"大检查、各项监管新规相继颁布以来，严监管和金融去杠杆持续推进。2018 上半年，特别是随着资管新规、流动性管理办法和大额风险管理办法等的出台，金融环境不断收紧，M2 和社会融资规模增速持续回落，表外融资迅速下降，但表内的信贷投放并不能够完全弥补表外收缩的幅度，实体经济整体融资成本不断上升。截至 5 月底，M2 同比增速 8.3%，维持低位。随着金融去杠杆的持续推进，M2 的可测性、可控性以及与实体经济的相关性都在上升，增速较低的货币投放正在影响实体经济融资的获得性。截至 5 月底，社会融资规模存量同比仅增长 10.3%，增速创近年新低。在此背景下，上半年央行货币政策操作呈现先中性偏紧后边际宽松的特点，以不断对冲严监管和金融去杠杆对货币投放的负面影响。具体而言，2018 年上半年，央行相继运用了新创设的临时准备金动用安排（CRA）、普惠金融定向降准、中期借贷便利、逆回购操作等工具适时适度投放流动性。无风险利率逐渐下行，10 年期国债收益率从上年底的近 4% 下降到 3.6% 左右。整体来看，上半年货币市场流动性呈中性并逐渐充裕。

目前，在中美贸易摩擦升级的背景下，国内政策微调以抵消外部冲击的趋势日益明确。可以预期，2018 年下半年政策当局将进一步防范金融去杠杆叠加金融严监管的负反馈效应，加强维护流动性稳定的政策预期，货币市场的流动性也将处于边际宽松趋势中。社会融资规模存量增速和 M2 增速至少将稳定在目前水平。央行一季度货币政策执行报告显示"稳杠杆"或成为 2019 年货币政策的主基调。

在资管新规封堵部分原有融资渠道、信用债违约提升市场风险补偿要求的背景下，为降低实体经济融资成本和对冲强监管压力，央行可能将加大公开市场操作力度，或再次置换式降低存款准备金率以加强流动性保障，同业拆借利率也有望继续波动下行。

同时，中美货币政策出现了分化。2018 年 6 月 14 日，美联储年内第二次加息，中国央行没有继续跟随上调逆回购利率，表明中国央行货币政策已经与美国开始分化。一方面，目前美国仍处加息周期中，年内有望继续加息两次。美国经济持续向好，已经达到潜在增长水平。另一方面，在短期内供给侧结构性改革效能未充分显现的情况下，叠加中美贸易摩擦升级的影响，中国经济增长的三驾马车同步放缓，可能将迫使中国货币政策继续保持中性或转向边际宽松。在中美货币政策出现分化的情况下，中美同业拆借利率有望继续收窄。

3. 政策建议

银行间市场是基准性市场，对其他金融市场有很大影响：如果银行间市场波动性大，则债券市场、股票市场等的波动性风险也较大，对企业融资形成直接阻碍——成本高且供给不足。因此，对银行间市场的波动性风险进行防控不能松懈。

（1）银行需要提高经营的稳健性

杨光等（2015）认为，流动性过剩和银行实行不稳健的经营策略促使"钱荒"发生。各商业银行需要按照央行、银监会等的相关规定，主动进行自查，规范同业业务及理财产品的操作，增强流动性管理的意识。银行还需把握资金投向，增加资金投放效益，避免监管套利、空转套利等。须知，资金在银行体系内空转，非但对经济增长无积极促进作用，还会形成巨量泡沫加大金融市场风险。

（2）要加强对银行表外业务及同业业务的监管

随着我国银行间同业拆借市场的准入门槛不断降低，参与成员不断增多，一方面，丰富了投资者结构，增加了数量，有利于风险分散；另一方面，还要加强对股份制商业银行的风险监管，防止金融风险传染的发生。比如，和大型商业银行相比，股份制商业银行的资产充足率普遍较低，安全性较低，易发生信用违约并引发金融风险传染。

（3）要注意监管的适度审慎

央行作为货币政策的制定和实施者以及监管者，要处理好监督和维护金融市场稳定的关系。当市场出现问题，如发生"620钱荒"式的流动性短缺时，央行就不再适合采取强硬态度，不应当在"风口"关头"意气用事"，而应先采取措施解决流动性紧张问题，避免金融市场剧烈波动带来的风险，事后再进行监管并采取一定惩戒措施。

（六）银行坏账风险和防控

银行不良资产是指处于非良好经营状态的、不能及时给银行带来正常利息收入甚至难以收回本金的银行资产。具体来看，是指银行投放的贷款中不符合安全性、流动性、效益性原则而处于逾期、呆滞、呆账状态的部分，也统称为银行坏账，具体包括次级、可疑和损失贷款三类。2011年以来，银行不良资产规模及其占比持续攀升，银行坏账风险再次摆在政府的面前。商业银行在我国的金融系统中具有十分重要的作用，若巨额的银行不良资产成为普遍现象，那么本国金融系统的稳定性将会受到大幅度削弱，从而引发未来国家金融业的金融危机。从经济学角度考虑，金融危机一旦爆发，整个社会的经济秩序就将走向难以逃避的混乱，国民经济也将衰退，利率的提高和汇率的贬值也会应运而生，这些因素都会使借款人的还款能力下降、还款意愿减弱，银行资产状况也会更加恶化，最终形成一个恶性循环。[①]因此，防范坏账风险是当前不可忽视的一个重要问题。

1. 本轮不良资产特征分析

我国在 20 世纪 90 年代曾出现过银行坏账风险，因此我们将这一次坏账风险定义为新一轮坏账风险。20 世纪 90 年代的坏账风险具有"源于政策性贷款，止于政策性剥离""不良资产率极高""不良资产主要来源于国有企业"等特征。[②]相比起来，本轮不良资产（以不良贷款为例）具有新的特征。

（1）不良贷款率低，但不良贷款规模庞大，增速过快

从数据看，本轮不良贷款率与上轮相比，相差悬殊。自 2011 年第三季度达到 0.9%的低点，之后大抵呈现上升状态，但是始终低于 2%，而同期世界平均不良贷款比率均在 4%的水平徘徊。从不良贷款率水平来看，我国尚处在可控水平，但是近年来却呈现高速增长态势，在短短四年时间里，由 2012 年第二季度的 0.94%逐年增长到 2016 年第一季度的 1.75%，增长幅度达到 86.17%，从图 1.6.1 可以直观地看出其上涨趋势。自 2016 年第一季度开始不良贷款率有企稳趋势，每年保持在 1.75%上下 0.01 个百分点小范围浮动。但是 2018 年第一季度之后又出现增长拐点，由 2018 年第一季度的 1.75%上升到 2018 年第二季度的 1.86%，环比增长了 6.29%，这一增长是偶发事件还是不良贷款率增长新起点目前还不能下定论，还有待进一步的观望。反观不良贷款余额，近年来一直未见企稳趋势，从 2013 年第一季度开始逐年攀升，2018 年第二季度不良贷

① 刘青. 我国商业银行不良资产的研究[J].审计与理财, 2015(03): 34—38.

② 侯亚景，罗玉辉. "供给侧结构性改革"背景下我国金融业不良资产的"处置之道"[J]. 经济学家, 2017(1): 16—23.

款余额高达 19571 亿元，环比上涨 10.31%，比上个季度还高出 4 个百分点，与 2011 年第三季度最低点水平对比，不良贷款余额约等于之前的 4.8 倍。这样的上升趋势，说明我国不良贷款处置问题与坏账风险愈发严重，尤其在 2018 年第一季度以来不良贷款余额与不良贷款率均出现高增长，更是给银行敲响一记警钟。

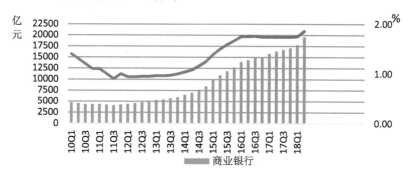

图 1.6.1　商业银行不良贷款余额与不良贷款比率

资料来源：Wind。

（2）不良贷款规模和风险出现地区间转移与结构差异

从全国来看，不良贷款在地区间的发展出现结构差异。2013—2015 年，不良贷款规模以东部发达地区为首，但是中西部地区不良贷款规模增幅最大，不良贷款率最高的地区也由东部地区转移到中西部地区。在 2016 年，上海、浙江、山东等省市先后出现不良贷款率和不良贷款余额双降的情况，有触顶回落的趋势；而江苏、广东等省市也于 2016 年年末企稳。与此相对，东北地区和中西部地区的信用风险还在继续暴露。截至 2016 年年末，辽宁、吉林、黑龙江三省的不良贷款率分别是 2.96%、3.85% 和 3.4%，仍处于上升通道①，而甘肃、贵州等省也出现不良贷款率与不良贷款余额双升的现象。

（3）不良贷款规模和比例具有行业集中性

图 1.6.2 为 2015—2016 年不良贷款余额较高的主要行业。由图可以

---

① 刘志平. 银行行业专题分析报告之二：2016 年不良数据跟踪. 国金证券研究报告，2017(02).

看出，2016 年不良贷款余额排名前三位的是制造业、批发和零售业与个人贷款业务，而且比较集中。其中，制造业不良贷款余额在 2016 年高达5018.10 亿元，分别高出排名第二、三位的批发和零售业以及个人贷款10.93%与 188.16%。排名不良贷款余额增速前两位的是采矿业和个人贷款，分别增长了 54.24%和 27.03%。

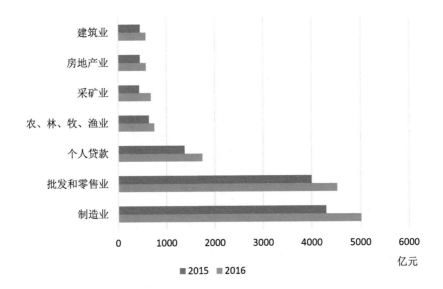

图 1.6.2　2015—2016 年主要行业不良贷款余额

资料来源：Wind。

　　图 1.6.3 是 2015—2016 年不良贷款率比较高的主要行业。由图可以看出，2016 年不良贷款率排名前三位的行业集中在批发和零售业、制造业、采矿业和农、林、牧、渔业（其中采矿业和农、林、牧、渔业不良贷款率在 2016 年相同），其中批发和零售业的不良贷款率在 2016 年达到了 4.68%，分别高出排名二、三位的制造业与采矿业（以及农、林、牧、渔业）21.56%与 31.09%。从不良贷款率增长速度来看，排名前两位的是采矿业、居民服务和其他服务业，其中采矿业的增长达到了 53.22%。也

正是这个原因，让采矿业由 2015 年不良贷款率第四位上升到了 2016
年与农、林、牧、渔业并列第三的位置。

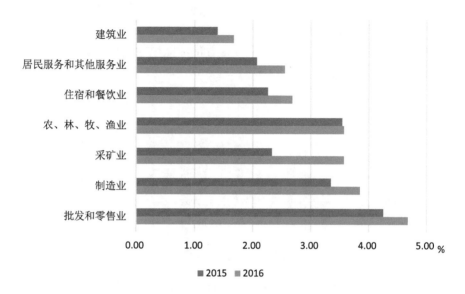

图 1.6.3　2015—2016 年主要行业不良贷款率

资料来源：Wind。

　　综上所述，不良贷款的规模和风险都具有行业集中性的特点。其中，
不良贷款规模以及不良贷款率排名前两位的均来自第二产业，这也说明
了这一轮不良贷款具有集中在第二产业的特点。同时值得关注的一点是
采矿业不良贷款余额增速与不良贷款率增速都达到行业之最，银行等需
要谨慎对待采矿业的贷款业务。

　　（4）主要商业银行不良贷款规模庞大，中小银行风险较为明显

　　根据 2014—2018 年统计数据，本轮不良贷款出现在各种类型的银
行机构中，除外资银行的不良贷款规模和不良贷款率未见明显上涨外，
其余各类银行均显著上升。从规模来看，国有商业银行一直占据主导地
位，不良贷款余额在整个行业占比超过 50%，但是其占比有逐年下降趋

势，如图 1.6.4 所示。从不良贷款率角度来看，农村商业银行的不良贷款
率一直处于领先地位，并且在 2015 年第一季度就超过了 2%。最新数据
显示，其在 2018 年第一、第二季度不良贷款率达到 3.26% 与 4.29%，如
图 1.6.5 所示。农村商业银行主要以农户个人贷款为主，结合个人贷款规
模以及不良贷款率数据，农村商业银行的坏账风险值得监管机构重视。

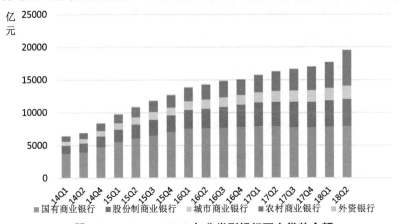

图 1.6.4　2014—2018 年分类型银行不良贷款余额

资料来源：Wind。

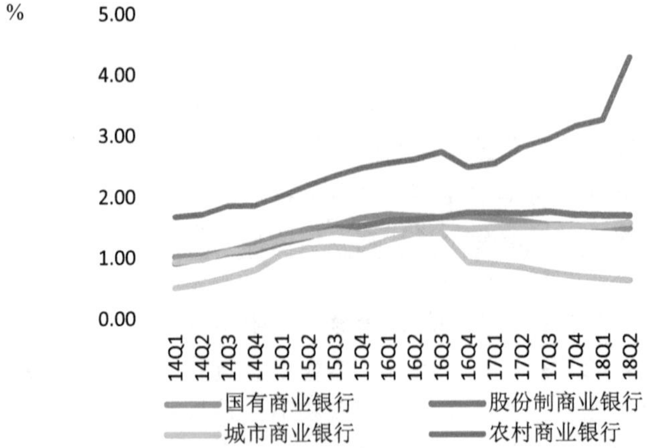

图 1.6.5　2014—2018 年分类型银行不良贷款率

资料来源：Wind。

（5）隐性不良资产规模和风险巨大

在讨论我国不良资产率的时候，有些国外机构认为我国的不良资产率被低估了。比如国际货币基金组织（IMF）在 2016 年 4 月发布的《全球金融稳定报告》（GFSR）里对我国银行业的坏账风险做了推测和估算。该报告将利息覆盖率小于 1 的上市公司债务都视为风险债务，因为这说明企业的营业收入不足以支付利息开支。然后以我国上市公司为样本计算风险债务，并以此推测我国银行业存在风险的贷款为 1.3 万亿元，占整个银行业贷款的 15.5%。对于国外机构的言论，我们不要过分相信，但是我们不得不承认的是，银行隐性不良资产可能规模巨大。隐性不良资产，通常包括关注类贷款和影子银行。关注类贷款是在银行信贷资产分类中等级略高于不良贷款的贷款，经核查，其随时有可能转为不良贷款；影子银行是指游离于银行监管体系之外、可能引发系统性风险和监管套利等问题的信用中介体系。不计入信贷业务的理财产品就属于"影子银行"范畴。显然，商业银行关注类贷款余额大大超过不良贷款余额。如图 1.6.6 所示，自 2014 年第一季度以来，关注类贷款余额从 1.56 万亿元上升到 2018 年第一季度的 3.42 万亿元，上涨了 119%。关注类贷款占比在 2016 年前三季度更是超过了 4% 的水平。比较好的一个现象是自 2016 年第四季度开始，关注类贷款占比逐年下降，关注类贷款余额也呈现企稳状态。我们不能完全将银行理财产品定义为不良资产，但是其中很可能包含了银行不良资产，比如银行通过资管计划实现不良资产出表。近年来，我国银行理财产品市场异军突起，截至 2017 年第四季度，银行理财产品规模已经达到 29.54 万亿元，而且在 2015 年以前年增长率一直处于 50% 左右的水平，尽管 2016 年开始理财产品增长速度急剧下降，如图 1.6.7 所示，但是理财资产规模仍较庞大，其中所隐含的风险不容小觑。

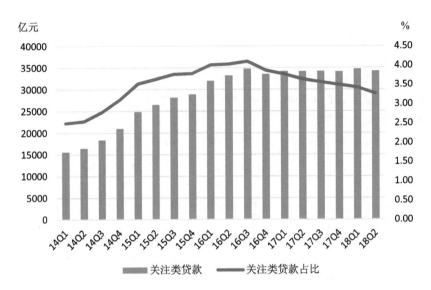

图 1.6.6 2014—2018 年商业银行关注类贷款与关注类贷款占比

资料来源：Wind。

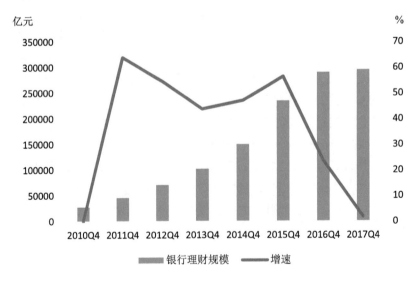

图 1.6.7 2010—2017 年银行理财产品规模与增速

资料来源：Wind。

2. 银行不良资产成因

新一轮不良资产的成因非常复杂，是由多方面因素共同引起的。从宏观层面看，主要是世界经济危机拖累了中国经济发展。从微观层面看，金融机构的逐利性、经济结构不合理、产能过剩、企业经营不善以及融资成本高等原因错综复杂。

2.1　宏观层面原因

（1）宏观经济低迷

世界经济全球化与一体化是 21 世纪经济发展的重要特征。我国自加入 WTO（世界贸易组织）以来，净出口不断增长。在世界经济全球化过程中，我国的金融改革开放进程日益加深，经济发展愈发依赖于世界经济的健康稳定。与此同时，这也意味着我国的经济将在更大程度上受到世界经济波动的影响。2007 年，美国爆发次贷危机，危机迅速从信贷市场蔓延到资本市场，进而蔓延到全世界。受此影响，我国于 2008 年推出了"4 万亿"刺激计划。在计划推出的四年间，我国确实保持了高速的增长，但是随后我国经济面临下行压力，也因此将危机传导到了我国信贷市场，使银行不良资产陡增。

从目前来看，我国在宏观层面仍然面临着经济下行速度和持续时间难以预知、经济新动能形成尚无明确时间表、去产能及国企改革进度不及预期、人民币贬值预期加强、刺激政策空间较为有限，以及国际政治经济环境多变等种种困难，这种经济下行以及经济不稳定局面将加剧银行不良资产困境。

（2）央行货币超发

随着我国经济的高速发展，央行货币发行速度更快。通常来讲，广义货币 M2 的增速应该等于 GDP 增速加上 CPI 增速，但是我国的 M2 增速往往大于另外两者之和。以次贷危机爆发后为例，全球开始释放流动性，而据渣打银行 2012 年报告，金融危机爆发以后的 2009—2011 年间，中国贡献了全球新增 M2 中的 48%。中国人民银行发布的最新数据显示，2017 年 4 月人民币贷款增加 1.1 万亿元，广义货币 M2 同比增长 10.5%，而我国 2017 年第一季度 GDP 增长达 6.9%；2018 年 9 月新增人民币贷款 1.38 万亿元，广义货币 M2 同比增长 8.3%，而我国 2018 年第三季度 GDP 增速为 6.5%。我国广义货币 M2 增速超过 GDP 与 CPI 增速之和的原因，主要在于我国有很高的储蓄率，而储蓄在银行里的钱很可能被银行用于过度放贷，从而形成不良资产。

（3）社会信用环境不成熟

信用环境同样对银行信贷资产质量产生重要影响。但是目前，我国信用环境仍然很不完善。首先，我国社会信用环境有所缺失，部分企业信用观念不强，往往会出现私自挪用贷款，甚至以改制、破产、转移资产等方式，悬空金融债权，恶意逃废金融债务等现象；其次，由于我国的社会征信体系和失信惩罚机制建立时间较短，因此我国的社会征信体系尚在完善过程中；最后，信息不对称等问题造成企业失信成本较低，许多地方法院的地方保护主义严重，银行案件普遍存在立案难、保全难、执行难的问题，造成企业失信成本较低。①同时，由于目前还未能完全解决银行、企业、政府之间的信息不对称问题，因此，政府对企业的失信行为所采取的打击力度尚有待加强。

2.2 微观层面因素

（1）银行资本过度逐利，银行产品过度创新

在金融发展的宏观领域，我国的经济发展具有过度金融化的特点，即大量资金"脱实入虚"，脱离了金融业服务实体经济的初衷。而在银行运营过程中，由于监管法律和体系的不完善，银行忽视了自身稳健发展的要求和风险应对能力，过度注重对企业的业绩考核。因此，在"4 万亿"刺激计划中，银行过多地涌入钢铁、煤炭、化工等第二产业，间接造成了后来的产能过剩问题。银行的短视行为成为不良资产增加的原因。另外，我们前面已经提到，影子银行问题中包含了银行坏账风险，而影子银行的盛行正是银行产品过度创新的结果。

同时，由于目前互联网金融、第三方支付、小额贷款公司蓬勃发展，

---

① 李军. 国有商业银行不良资产的成因与处置建议[J]. 经营与管理, 2018(6): 206.

银行同业竞争压力大，为了抢占市场份额提高利润，银行信贷人员不重视公司现金流量及发展前景，甚至默许不少企业虚假制作报表的行为，只关注贷款额度，导致积累了大量的不良资产。这与银行内部管理制度息息相关，信贷人员的绩效工资与贷款数量是直接挂钩的，而是否可以收回以及无法收回之后的惩罚机制却不完善，奖惩不对应，这就使得很多信贷人员盲目追求贷款数量而非贷款质量。

（2）产能过剩企业与僵尸企业集中出现

如果世界经济的下行和银行的逐利行为都是间接起因的话，那么产能过剩企业和僵尸企业的集中出现就是银行坏账风险的直接原因。当企业在银行贷的款还不上时，自然形成银行的坏账。在"4万亿"刺激计划中，钢铁、煤炭、化工等领域得到过度扩张，但是随着产业结构的调整升级，这些领域无法实现资源的合理配置，成为产能过剩企业和僵尸企业。《中国僵尸企业研究报告——现状、原因和对策》[①]显示，僵尸企业比例最高的5个行业分别是：钢铁（51.43%）、房地产（44.53%）、建筑装饰（31.76%）、商业贸易（28.89%）和综合类（21.95%）。这与我们前面所陈述的不良资产的行业分布高度吻合。

（3）中小企业融资成本高与经营不善问题并存

我国的中小企业一直以来面临着融资难、融资贵的问题，相比国企，政府的"4万亿"刺激计划通过银行很难切实对中小企业起到帮助作用。中小企业融资成本居高不下，导致企业利润微薄，进而引起企业还本付息能力下降，银行坏账随之增加。银行坏账增加后，出于审慎经营的考虑，信贷将会紧缩，这将导致中小企业融资成本进一步上升，这是一个恶性循环。不过，我国中小企业也确实存在经营不善的问题。一方面，规模较小，缺乏核心竞争力；另一方面，缺乏正规的现代企业制度，管理较为低效。以上原因导致中小企业在宏观经济下行时更容易受到影响。

（4）政府不合理的干预

理论上来说，资金配置的主体应该是商业银行，而政府只负责宏观

---

① 聂辉华, 江艇, 张雨潇, 方明月. 中国僵尸企业研究报告——现状、原因和对策. 中国人民大学国家发展与战略研究院官网, 2016(07).

调控。但实际情况是，无论是宏观的把握还是微观经营的指令，决策的主体都是政府。企业想要获得贷款时，他们首先去找政府的相关官员而不是银行信贷员。银行在资金配置中所扮演的角色只是客体，并不能依据经营原则和价值规律来决定资金的投向，政府才是在很大程度上影响银行资金投向的角色。同时，地方政府经常在扩大生产、增加新投资项目等活动中面临资金不足的问题，从而向商业银行寻求资金援助。但是地方政府的投资眼光却难以让人恭维，那些所谓的投资项目往往不能达到预期目标，取得想象中的收益，而地方政府又无力偿还银行贷款，于是在政府不承担风险的情况下，银行的贷款失去了保障，成为投资资金的最终承担者，商业银行的不良资产由此形成。地方政府这样肆意干预会直接引起商业银行信用活动紊乱，增加贷款回收风险。①

3. 银行坏账风险的危害

我国的金融体系以银行间接融资为主，在这种金融结构下，社会的大部分资金以存款的方式集中于银行体系，然后银行体系以贷款的方式满足全社会大部分的融资需求。这种融资结构形成的问题有两点：储蓄与投资的期限错配；在银行间接融资为主的体系下，金融风险的分担机制也是不对称的。②随着我国宏观经济增速的持续下滑，如果商业银行的不良资产比率持续攀升，就会为整个金融体系埋下祸根。

虽然我国银行的坏账问题还没有严重到妨碍和扰乱经济发展的地步，但是在不良率不断攀升的当下，我们不能忽视其背后隐藏的危机，当坏账问题发展到一定程度时是否会以集中的形式爆发，以及爆发后会给经济带来什么样的负面影响都是需要加以关注的。我们这里通过分析东南亚历史上发生的金融危机来说明一些问题。东南亚国家的金融体系与我国类似，也是以间接融资和银行体系为主，这样的金融结构同样在这些国家的资本积累以及实现社会的快速发展方面起到了巨大的作用。但随着经济的飞速发展，东南亚各国的金融结构并没有做出适应性调整，

---

① 刘青.我国商业银行不良资产的研究[J].审计与理财, 2015(03): 34—38

② 钱方明. 金融危机后韩国金融结构调整及其对我国的启示[D]. 吉林大学, 2008.

资本市场的发展严重滞后，银行仍然是企业的主要融资渠道，从而导致银行信用的过度扩张，为日后金融危机埋下了伏笔。

20 世纪 90 年代，东南亚国家的很多企业由于自身治理问题以及国际竞争加剧出现了严重亏损，这直接导致银行系统的坏账急剧增加。在单一的金融结构下，银行体系如果收缩信贷则会导致企业外源融资枯竭，于是东南亚各国政府继续鼓励银行发放新的贷款，将坏账的消除寄希望于企业经营业绩的改善。这样银行对企业的债务约束实际上变成一种软约束，风险不断积聚，最终超过了银行的承受范围。

由于实体经济不景气，银行被迫寻找新的利润增长点。当时，房地产价格快速上涨，大量资金被吸引进入房地产行业，导致房地产行业持续过热，并造成了资产泡沫。最终，房地产泡沫的破灭成为银行危机的直接诱因，银行的坏账短期内大幅度增长，导致银行体系的稳定性遭到极大破坏。虽然房地产泡沫破灭是直接诱因，但是从银行自身角度来讲，坏账风险的积聚才是根本原因。危机爆发之后过了很长时间，东南亚各国的商业银行仍然不见起色，可见影响之深远。

从东南亚各国的经验来看，坏账风险的危害程度和金融体系有着很大关系。如果银行是国家金融结构的根基，那么坏账风险的爆发将不仅仅局限于银行危机，还将直接导致整个国家的金融乃至经济出现停滞甚至衰退。对于我国而言，目前面临的很多情况与东南亚各国有相似之处，因此坏账风险不可不防。

4. 我国银行不良资产的"处置之道"

总体来说，我国目前银行坏账风险尚处在可控范围，但是不可否认，由于其高增速、规模大等特点，预计将来不良资产规模将进一步增大。因此，我们不可能等到危机爆发前夜才对风险加以控制，那样无异于兵临城下才知备战。目前我国已经对银行不良资产问题给予重视，并且采取了债转股、构建多层级资产管理公司（AMC）、加强银行业监管等措施。

（1）开启新一轮"债转股"

由发改委牵头主导，央行、财政部、银监会等多部委联手出台的《关

于市场化银行债权转股权的指导意见》（以下简称《意见》）于 2016 年
10 月公布，标志着我国债转股于 2017 年后正式重启。《意见》指出，本
轮债转股有两个特点：一是本轮债转股同样需通过实施机构转让债权，
鼓励银行通过已有或者成立资产管理公司实行债转股；二是实行市场化
债转股，即债转股的对象控制为具有发展前景但是暂时面临困难的企业。
新一轮债转股开启后，工、农、中、建、交五大国有银行于 2016 年年末
先后出资约 100 亿元成立专业性资产管理公司，可以认为，这是 2017
年银行不良资产率企稳的原因之一。但是债转股成功与否，还是要看监
管与市场化的结合。

（2）构建多层级资产管理公司（AMC），放宽资产处置条件

债转股只是处置银行不良资产的一种方式，资产管理公司成立后，
还可以有多样化的资产处置方式。为此，政府在 2016 年 10 月先后出台
两个文件，允许省级政府设立两家地方资产管理公司，且允许地方资产
管理公司对外转让不良资产。2016 年 10 月 21 日，银监会向各省级政府
下发《关于适当调整地方资产管理公司有关政策的函》，放宽两条地方资
产管理公司相关政策：一是将允许省级政府增设一家地方资产管理公司；
二是将允许地方资产管理公司以债务重组、对外转让等方式处置不良资
产，对外转让的受让主体不受地域限制。10 月 27 日，财政部、银监会
下发了新的《金融企业不良资产批量转让管理办法》，与 2012 年旧版不
同，新办法规定不良资产批量转让组包门槛由之前的 10 户降低至 3 户。
此举进一步完善了地方资产管理相关政策，意味着各省可以设立两家地
方资产管理公司，且不良资产转让可一改之前只进不出的情况。目前拿
到银监会核准或省政府批复的地方资产管理公司已达 30 多家。此外，在
债转股指导文件落地后，银行系资产管理公司逐渐浮出水面，资产管理
行业形成了"4+2+银行系"的大格局。①多层级的资产管理公司可以灵
活处置各地区不良资产，维护金融体系安全稳定发展。

---

① 罗毅，沈娟."4+2+银"格局观，AMC 迎大蓝海. 华泰证券研究报告，2016（12）.

5. 银行坏账风险防控建议

5.1　政府层面

（1）增加金融监管的广度与深度，完善监管体系

这里所指的金融监管，包括两个方面：一是对金融产品过度创新的监管，二是对不良资产处置过程的监管。国际经验表明，金融过度创新与监管不力，是产生不良资产和引发金融危机的重要原因。因此，我国必须结合我国国情，审慎推进金融产品创新，并设计科学的监管体系对创新产品进行重点监管。在债转股过程中，一方面要引入市场化机制，另一方面也要严防债转股过程中的不合规行为。实际上，监管不等于干预。我国的"分业监管"具有一定的局限性，比如存在监管重叠和监管真空的矛盾，而债转股的过程中就有可能面临这样的问题。因此，可以借鉴发达国家的先进经验，加强"一行三会"的协同作业模式，实施综合混业监管模式。我们还应该建立银监会监督银行、银行监督企业的纵向监督机制。

（2）积极引导金融机构战略转型，服务社会主义经济建设

在非完全市场经济条件下，政府的主要工作是引导经济朝健康正确的方向发展。为此，要改变现有银行体系短视问题，使其回到服务实体经济的轨道上来。在当前"供给侧改革"的背景下，应该做到以下几点：一是严控资金投向产能过剩产业，引导资金投向民生型、科技型的实体经济，防止虚拟经济的过度膨胀和挤压实体经济发展空间；二是响应国家金融扶贫的政策导向，引导资金流向贫困地区，促使金融资源在全国范围内均匀分布，实现各区域均衡发展；三是金融机构应加大农村金融建设，转变以往利益最大化的发展目标，积极服务农村经济；四是树立"绿色金融"发展理念，大力服务我国绿色经济发展，配合我国政府进行经济结构调整和转型，走可持续发展之路。[①]同时，政府应摒弃不合理

---

① 侯亚景，罗玉辉. "供给侧结构性改革"背景下我国金融业不良资产的"处置之道"[J]. 经济学家，2017(01): 16—23.

干预，给商业银行进行资金配置的空间，减少商业银行不良资产，提高资产质量。

5.2 银行层面

（1）借助内力，差异化、灵活性地消化不良资产

银行解决不良资产问题的第一步应该是运用自身灵活性，先进行自身消化。我国贷款有五级分类标准，即正常、关注、次级、可疑、损失，其中次级、可疑和损失被定义为不良贷款。对于不良资产，不能刻板地以逾期期限等标准笼统分类，可以适时对不良资产进行重新考核，关注类贷款有可能进入不良贷款，那么不良贷款也有可能回归至关注类贷款。对于不良资产中重新考核情况较好的，可以积极引导培育，通过资产重组、资产置换等手段帮助企业解决财务困难，还可以与优良资产打包出售。经考察确定无法收回的贷款，则需要每年划分一定的利润核销。

（2）丰富不良资产处置方式，适当进行不良资产证券化

2016 年 5 月 19 日，中国银行和招商银行均在中央国债登记结算有限责任公司的中国债券信息网上发布不良资产证券化发行说明书。其中，中行拟发行"中誉 2016 年第一期不良资产支持证券"（下称"中誉一期"），发行规模 3.01 亿元；招行拟发行"和萃 2016 年第一期不良资产支持证券"（下称"和萃一期"），发行规模 2.33 亿元。这标志着暂停 8 年的商业银行不良信贷资产证券化正式重启。实际上，我国不良资产证券化的发展历程可谓一波三折。不良资产证券化产品通常存在良莠不齐、信息披露不充分等特点，因此导致机构不愿意购买，市场流动性也不够。但是，只要规范不良资产证券化产品的标准问题并且完善信息披露，不良资产证券化依旧是处置不良资产的一条可行路径。

（3）提高信贷人员专业能力，完善奖惩制度

目前我国商业银行信贷采用的是信贷审批、发放、收回以及核销由不同的人员负责，这样从一定程度上防止了信贷人员胡乱发放贷款的行为，但仍应注意在分析企业信用时，要从多方面进行考核，认真审核贷款企业的财务报表，识别是否存在造假行为。首先，要定期培训信贷人员，使他们掌握良好的信贷技能，有效地识别优质企业发放贷款；其次，对员工的绩效工资不能单单从发放贷款的数量进行考核，也要对其所发放贷款的收回数量进行考核，综合评定信贷人员的绩效工资。从以上两个方面着手，减少不良贷款的产生①。

5.3 社会层面

（1）积极引导社会资本参与不良资产处置

我国经济经历的几十年的高速发展以及在这个过程中不断深化的市场化改革，使得社会资本进入我国经济建设的各个领域。社会资本进入不良资产处置市场，一方面有利于民间监督的实现；另一方面有助于提高不良资产的处置灵活度，利用市场竞争来避免不良资产处置过程中的不合规问题。目前我国政策放宽了资产管理公司处置资产的条件，有利于民间资本的大胆进入。实际上，民营资本在2014—2015年资产管理公司成立潮中已开始登场，新设资产管理公司中除民营继续涉入外，公募基金子公司亦开始切入，资本抢滩资产管理公司市场。②

（2）健全征信体系，坚决打击逃废债及失信企业和个人

当前我国中小企业良莠不齐，借贷双方存在严重的信息不对称问题，企业对其内部信息具有绝对优势，银行为了掌握信息，往往投入大量的调查费用，而后间接转嫁给相关企业，推高了融资成本。为了降低融资成本，政府应加大力度推动征信市场发展，完善国内征信体系，以便银行等金融机构更好地识别高成长性企业。对于存有"逃废债"念头的僵尸企业、产能过剩企业及失信个人，国家应出台相关政策措施进行坚决抵制。为此，国家可以加强司法体系与金融机构的协同作业机制，降低金融债权案件的诉讼和执行成本，提高金融诉讼案件的审结效率，同时加强社会主义诚信道德宣传，构建全民守信的环境。

银行坏账风险是引发全面经济危机的重要诱因，因此必须严加防控。目前我国银行不良资产具有增速快、规模大、隐性不良资产规模大，以及存在行业结构差异和银行间结构差异等特点。虽然2016年以后有企

---

① 刘欢欢. 我国商业银行不良资产形成原因探究及对策[J].现代营销(经营版), 2018(9): 206.

② 罗毅, 沈娟. "4+2+银" 格局观, AMC 迎大蓝海. 华泰证券研究报告, 2016（12）.

稳态势，但是这可能只是不良资产处置措施的暂时性效果，2018 年以来不良贷款规模初现反弹态势。因此，对银行坏账风险的防控必须从现在抓起。在社会各界的有效努力下，相信我国银行坏账风险会得以有效化解，并且助力于经济的转型与发展。

（七）系统性风险防控和金融稳定

随着经济全球化和金融全球化不断加深，20 世纪 80 年代以来，系统性金融危机爆发的频率越来越高，目前似乎已经形成 10 年一次危机的"规律"，并且影响的广度和程度也在不断扩大，从一国的金融危机演变成地区乃至全球的金融危机。世界经济的发展自 2007 年美国次贷危机引发全球性金融危机之后，经历了较大的衰退，之后就一直在停滞状态，各国都在艰难扭转金融危机带来的经济颓势。金融危机不是一日造成的，而是由长久以来不断积累的系统性风险与具有"蝴蝶效应"的突发性事件共同引发的。因此，要预防金融危机的发生，最重要的是对系统性风险进行防控。我国经济的开放程度和金融自由化程度不断提高，二者所面临的不确定性也不断提高，在保证我国金融体系稳定的同时，越来越需要注意国际金融环境变化对我国造成的影响。为防范金融危机的爆发，了解我国金融系统性风险状况、建立风险监控和预警机制都具有重要意义（参见图 1.7.1）。

1. 系统性风险的定义和基本观点

金融稳定委员会（Financial Stability Board，FSB）对系统性风险进行了如下定义：金融体系系统性风险指的是由经济周期、国家宏观经济政策的变动、外部金融冲击等风险因素引起的一国金融体系发生剧烈动荡的可能性，这种风险对国际金融体系和全球实体经济都会产生巨大的负外部效应。而国内系统性风险是指一系列因素引起的一个金融市场发生剧烈动荡或一个金融机构倒闭会对整个金融体系产生巨大的负外部效应，并对实体经济产生冲击。

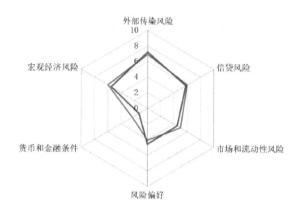

图 1.7.1　中国金融稳定图

资料来源：国家金融与发展实验室. 中国金融风险与稳定报告（2018）. 国家金融与发展实验室官网，2018-07.

系统性风险的核心是一种风险的"传导机制"，因此它具有全局性、外部性以及溢出和传染效应的特点。全局性指的是这种风险的关注目标是金融体系的全部或重要组成部分的风险，而不只是单个金融机构的风险；外部性是指当单个金融市场发生剧烈动荡或单个金融机构破产时，这种影响会产生传染效应，引起其他金融市场或机构的连锁反应；溢出和传染效应是指系统性风险会将金融体系的风险传染至实体，会影响实体经济的正常发展，形成较大的破坏力。

系统性金融风险与金融危机既有联系，又有区别。系统性风险是一个连续变量，而金融危机是一个是此非彼的二元变量。系统性风险背后蕴藏着发生金融危机的可能性；金融危机是系统性风险积累到一定程度后的具体爆发形式，是系统性风险的一个特殊状态和阶段。因此，为了防范金融危机的发生，首先应该识别、监测、管理并防范系统性风险。

识别系统性风险需要了解清楚风险的来源、成因以及表现形式；监测系统性风险需要采用科学客观的方法对风险进行衡量和呈现；管理并防范系统性风险需要建立科学的预警机制。

从我国目前的经济金融发展以及国际环境来看，近年来系统性风险还在不断累积，众多金融风险逐渐凸显出来，其中主要有地方政府偿债危机、影子银行风险、房地产风险等，但暂时不存在发生金融危机的可能性，风险总体处于可控水平。我们应该继续关注系统性风险，加强对系统性风险的防控，保证我国金融市场的稳定发展。《中国金融风险与稳定报告（2018）》指出，2016 年第四季度至 2018 年第一季度，我国的宏观经济风险、信贷风险以及市场和流动性风险有所下降，风险偏好上升，但外部传染风险上升，货币和金融条件趋紧。

2. 我国金融市场系统性风险不断累积

2.1　宏观层面

（1）国际经济金融环境风险积聚

经历了 2007 年美国次贷危机引发的金融危机之后，世界各国的经济均遭受不同程度的创伤，至今未得到根本性的扭转。2008 年金融危机引起的全球性金融危机使得美国、欧盟、日本等国际主要金融市场遭受重创，其余各经济体也未能幸免。继雷曼兄弟宣布破产后，美国众多金融机构破产重组；欧洲以希腊为代表的主权债务危机层出不穷，危及欧盟的稳定；我国股指也从 6124 点一路下挫到 2245 点以下。2009 年以后，以希腊主权债务危机为导火索的欧洲债务问题蔓延升级后演变为欧债危机。2011 年 8 月，标普下调美国长期主权债务评级，又引发了一轮新的美债危机。为应对危机的冲击，主要经济体采取了大规模扩张政策，我国也实施了"4 万亿"的经济刺激计划。但宽松的货币工具使用过度导致国际金融市场剧烈波动，对各国经济的影响也大打折扣。

距离 2008 年的全球金融危机已经过去 10 年，美国经济复苏的进程较平稳，2017 年 12 月，美国国会通过"税改"方案，截至 2018 年 9 月，美联储于 2018 年已加息三次，"税改"的宽财政政策与美联储货币政策收紧相结合，影响着全球流动性和投资者风险偏好，进而影响全球金融市场和金融经济。欧元区情况仍未有根本性的好转，英国于 2017 年 3 月正式启动退欧程序，虽然法国马克龙的上台基本解除了法国退欧的风险，但 2018 年 3 月的意大利大选等都给欧盟的经济复苏进程蒙上阴影。日本经济复苏势头转好，但通胀水平疲软，2017 年以来 CPI（居民消费价格指数）始终在 1%上下波动，不及日本银行 2%的通胀目标。新兴市场和发展中经济体总体增速较快，但部分经济体面临跨境资本波动等潜在风险，存在调整与转型压力。此外，全球贸易失衡导致国际贸易及投资保护主义风险加剧，短期内会削弱全球需求，威胁全球经济的持续复苏；长期则会阻碍资本和劳动力的流动，影响资源的有效配置，抑制全球价值链参与者的良性竞争，阻碍经济的进一步增长。同时，地缘政治因素对金融经济的扰动作用加大，与金融科技等新技术相伴而生的新风险也给全球监管构成新的挑战。众多因素叠加给国际经济金融形势增加了许多不确定因素。

（2）我国经济金融发展风险机遇并存

我国在 2008 年金融危机中也未能幸免，股市跳水，市场信心遭受重创。之后，政府出台"4 万亿"计划刺激投资和需求。然而，这"4万亿"也给我国经济带来一些副作用，产能过剩的问题更为严重。在保持短期增速和长期经济发展之间，政府及时调整，推动供给侧结构性改革。同时我国面临的另一个棘手问题是社会的杠杆率过高，尤其是地方政府和国企债务高企。地方政府以政府的名义在地方融资平台大量借贷，国企也凭借"国有"身份极为容易地从国有银行获得贷款，最后导致地方政府和国企难以归还这些债务，坏账频发且数额巨大，成为加大我国系统性风险的重要因素。针对这些问题，政府通过国企改革、资产证券化等措施来修复企业、政府以及金融体系的资产负债表，解决高负债问题。供给侧改革以及国企改革等政府措施着力落实去产能、去库存、去杠杆、降成本、补短板等一系列任务。这些措施也将增加有效供给，以供给刺激消费，培育新的经济发展动力，使我国进入可持续发展的"新常态"。目前，我国经济增速放缓，风险与机遇并存。

在风险方面，我国所面临的地缘政治风险加大，例如美国在韩国部署萨德对我国国土安全造成极大威胁等。特朗普上台后实行的"贸易保护"主张对我国也极为不利，2018 年以来，美国在全球范围内不断挑起贸易争端，中美贸易摩擦逐渐加剧，扰乱了全球主要商品供应链体系，给全球经济金融带来了极大的负面冲击，放大了全球金融市场波动，也给我国金融市场和金融体系的稳定造成了极大的威胁。除美联储外，全球主要发达经济体央行也逐渐开始货币政策正常化，在全球范围内杠杆率较高的特殊背景下，货币政策过快收紧会影响全球经济复苏，对我国经济金融发展造成一定的影响。

在机遇方面，我国应逐步加强与周边新兴市场的合作发展，在推进人民币国际化的同时，将"一带一路"提上日程，寻找更优质的投资项目并增强我国的国际影响力。此外，2017 年 4 月 1 日确定在河北省雄县、容城、安新等 3 个小县及周边部分区域建立国家级新区——雄安新区。新区的设立势必会带来众多工作岗位和投资机会，对我国的发展是重大利好，雄安概念股也因此连续涨停。从整体来看，我国经济未来的发展是明朗的，在加强和完善经济金融制度、做好防范系统性风险工作的基础上，经济会实现可持续的平稳增长。

2.2 金融基础设施建设

金融基础设施的建设对我国金融以及经济的发展有决定性作用。近年来，我国金融基础设施建设取得了阶段性的进展，支付、清算和结算体系不断完善，社会信用体系和征信市场不断推进，防洗钱工作逐步趋严，消费者权益保护工作逐步完善。金融基础设施建设的完善有效推动了金融业的发展。然而有些还处在探索尝试和试验的阶段，在满足我国金融需求以及与国际合作的需求时，还需要进一步完善，减少因基础设施不健全而累积的金融风险。

在支付体系方面，我国目前形成了以人民银行现代化支付系统为核心，以银行业金融机构行内支付系统为基础，票据支付系统、银行卡支付系统、互联网支付系统等为重要组成部分的支付清算网络体系。在清算体系方面，2009 年，吸取 2008 年金融危机的教训，我国进一步推进了银行间市场集中清算，成立了银行间市场清算所股份有限公司（上海清算所）。2017 年 3 月 21 日，上海清算所在伦敦开设了首家海外办事处。目前，我国形成了中央结算公司、中证登、上海清算所三家中央证券存管系统，负责债券、股票等证券的集中托管，同时也是金融市场中的证券结算机构。上海清算所的成立同时丰富和完善了中央对手方机构。在结算体系方面，为满足人民币跨境使用需求，进一步整合人民币跨境支付结算渠道，中国人民银行于 2012 年启动建设了人民币跨境支付系统。

但不可否认的是，我国的金融基础设施还未能满足市场的需求，已建立的基础设施也需要进一步完善。例如，我国目前大力规划的"一带一路"建设中，涉及国际货币支付与清算、货币互换、国家间金融监管合作等金融市场基础设施建设的需求都还需努力。

2.3　金融创新和改革引起的系统性风险

与金融基础设施建设的不断完善相辅相成的是我国金融市场正经历着金融创新大发展以及金融改革的大力推进。金融创新和改革带来的新鲜感与未知性也给我国金融市场带来了许多不确定性和潜在风险。

我国目前的金融创新层出不穷，主要代表有互联网金融创新、企业债转股和资产证券化、万能险以及区块链技术。金融创新可充分调动市场积极性，丰富金融市场的层次和产品，引导资源配置向更优的状态发展，提高社会资源效率。但金融创新不断产生的同时，如果没有配套的金融监管制度，就会引发各类隐性风险。互联网金融面临着经营主体风险、流动性风险、长尾风险和技术风险；企业资产证券化也面临着违约风险；万能险面临着法律风险和市场风险；区块链技术存在技术问题和安全问题。金融创新背后的隐性风险会逐步显性化，加大我国金融市场系统性风险。

此外，我国金融市场也在进行着自由化改革。利率市场化、汇率市场化、股市注册制改革、破产制度改革、监管架构改革等都在不断推进。一系列改革措施会引导金融市场自由化，提升市场在资源配置中的主导作用，促进金融市场的繁荣，但市场化背后也存在风险积聚的可能性。

利率市场化后，银行过度竞争导致银行体系不稳定的可能性增大；汇率市场化伴随着人民币汇率波动的不确定，对国际贸易和国际资本流动产生显著影响；股市注册制改革使得上市公司质量参差不齐，资本市场的不确定性增加；针对监管架构的讨论更是加剧了我国金融体系的不确定性，加大了我国经济和金融体系的系统性风险。

随着金融深化、创新和改革进程的不断推进，各类隐性风险会逐步显性化，尽管风险总体可控，但以高杠杆、数字化、泡沫化、系统性为特征的风险将持续累积。与之相适应，金融风险管理必须对症下药、标本兼治，建立健全控制各类风险的体制机制。

2.4   各金融市场波动性加剧但总体可控

近几年，我国经济局势动荡不安，金融风险大量滋生。实体经济与虚拟经济同时出现剧烈的市场波动，主要表现在股市、债市、大宗商品市场、同业拆借市场、房地产市场、汇市的波动上。我国股市有两个重要特点，即波动剧烈、齐涨共跌。波动剧烈体现了我国"政策市"的特点，股市的大幅波动，尤其是大幅下跌，会从各个层面增加金融体系的风险，而股市的暴涨也会使泡沫迅速积累，不合理的高位股价增大了泡沫破灭的可能性。债市则伴随着经济调结构、企业去杠杆的过程，信用违约事件在2017年频繁发生，债券市场的违约风险正在不断发酵、积聚，刚性兑付的壁垒也正在逐步被打破。全球大宗商品市场跌宕起伏，原油等大宗商品价格暴跌并且影响不断蔓延，存在金融化和美国化问题。同业拆借市场自建设以来一直存在不稳定的波动，但只要银行体系内风险管理到位，就不会引发恐慌性波动。房地产市场虽价格保持相对稳定，但售房量不断下降，商品房库存量不断攀升，房市相对亦现疲态之势。汇市也不平静，我国人民币兑美元汇率出现急剧波动，引发众多国际投资者的恐慌。

金融市场"牵一发而动全身"，联动作用十分明显。从国内股票市场、债券市场、房地产市场、同业拆借市场之间的相互影响，到与国际因素联系较为紧密的汇率市场及大宗商品市场，彼此相互依存的各个金融市场已然证明：金融单一市场的系统性风险会经由利率、汇率或其他传导机制而传递或者扩散到其他金融市场，最终导致整个金融市场系统性风险的不断累积。而金融市场系统性风险的顺周期及传递性，也对金融市场系统性风险防控提出了更多更高的要求。

3. 我国金融市场系统性风险高筑的原因

（1）我国金融体系法制建设较为滞后，法律法规对金融市场约束力不足

第一，由于我国中国特色社会主义市场经济体制的建立时间较晚，改革开放的时间不长，且历史上也无社会主义市场经济相关发展经验可循，所以我国经济发展、金融市场的构建很大程度上存在"先天不足"的劣势，故而我国金融市场基本制度建设和法制建设较国外发达的资本主义金融市场仍有一定的滞后性。

第二，我国金融体系暴露的很多问题同我国政治因素、基本国情和社会现状有关，具有我国自身的特殊性和独特性，国外相关金融市场的法律法规对我国金融市场不一定具有兼容性，因而我国金融体系的法律法规对金融市场中出现的许多特殊问题缺乏相关法规条例进行规范处理。我国金融体系由于缺乏完善健全的法律法规体系，因而市场规范性不强，系统性风险容易累积。

（2）实体经济发展势头减弱，银行坏账增加，相互依存的金融体系势必受其影响

2015 年我国国民生产总值（GDP）增速首次报"破 7"，经济增速下滑到 7%以下，经济发展势头逐渐减弱，经济增速放缓，故而当前我国实体经济正在经历由经济高速增长到经济中高速增长的改革转型过渡的阵痛期。而作为实体经济中最重要的市场主体——企业，在经济大环境表现低迷的态势下，企业要想盈利更加举步维艰，企业从银行借的债务也可能由于企业的盈利下降甚至亏损而无法归还，由此引致银行坏账不断高筑，风险由实体经济向银行系统扩散继而向整个金融市场蔓延，最终导致金融市场因实体经济发展不佳而受影响，金融体系的系统性风险也会因实体经济的低迷而愈发显现出来。

实体经济发展增速降低，银行的坏账增加，而交叉性金融工具将银

行、保险、证券等金融机构连接起来，形成了一个网状的结构。网上的节点就是各金融机构，而连接金融机构的线就是系统性风险的传递基础，因此风险得以在这张网上流动。各金融机构通过交叉性金融业务所结成的网状多边形构成了传递通道。金融机构数量增多，网状多边形的点数也增多，彼此之间的连接方式以及复杂程度也增多，系统性金融风险不断累积。

（3）纷繁复杂的金融创新，抬高了金融市场整体杠杆率

第一，受国际金融创新的推动，我国金融市场也衍生出各类金融创新产品，而这些金融创新产品又多为高杠杆的金融衍生品和复杂难以辨识的金融工具，我国金融体系本身就因种种因素具有一定的脆弱性，高杠杆的金融创新工具更是给脆弱的金融体系埋下了爆发危机的引线。

第二，我国金融监管的全面性远不及金融创新的覆盖面。当前我国的金融监管针对金融创新还存在较多的监管漏洞和监管真空，这也导致部分投机者和投资者不断利用复杂的金融创新工具进行监管"套利"，当这一获利被市场大多数主体察觉时，金融创新也就越来越"肆无忌惮"。基于我国金融市场发展不够完善的现状，高杠杆金融创新产品无法完全被我国当前的金融体系所"消化"，所以最终金融体系内部的系统性风险也会因为高杠杆金融创新产品而不断加剧。

（4）地方政府债务风险积聚

我国地方政府靠大量举债促进了地方经济的增长，而随着债务进入集中还款高峰期以及土地财政难以持续，我国地方政府的债务问题受到广泛关注。从举债主体来看，地方政府融资平台在地方政府融资中扮演着重要角色，目前我国不少融资平台资产负债率超过了70%的警戒线，潜藏着较大的风险。从举债来源看，地方政府债务的融资来源主要是银行贷款，来源单一容易引发资金链断裂，地方政府和银行都有较大的违约风险。从偿还期限来看，地方政府平台的举债结构不合理，期限单一化，近几年为偿债高峰期。财政部会同发改委、中国人民银行、银监会等部门对地方政府存量债务进行的清理甄别结果显示，2016 年到期 2.8

万亿元，占比为 18%；2017 年到期 2.4 万亿元，占比为 16%。①加之土地财政越来越难，近两年的地方政府资金面临流动性风险，地方财政压力较大。我国经济进入新常态，通过经济的高速增长化解地方政府债务的方法已经不再适用。我国应加强地方政府债务风险管理并完善地方财政收入结构，防范和化解地方性债务风险。

（5）国有企业债务风险严重

高企的企业债务是我国总杠杆率不断升高的重要原因。根据 2016 年 6 月公布的数据，基于不同的统计口径，我国的总体债务规模为 200%—300%，我国企业的债务比重保守估计也在 100% 以上②，是政府、企业、家庭三部门中杠杆率最高的。

由于错综复杂的体制和政策等因素，我国企业负债的形成并非完全市场化运作的结果。因此，许多企业也并非根据自身运营情况决定是否举债。在我国进入经济结构性调整、经济景气下行的阶段时，企业的偿付能力出现问题、债务违约现象增加也在意料之中。尤其是传统产业中的国有企业，过去在国家目标导向下过度扩张、过度负债，在供给侧结构性改革的今天，必定会出现债务问题。据公开数据③，2015 年企业债务融资共发生 18 起违约事件，涉及的债务本金超 100 亿元；2016 年 1 月至 6 月中旬的债券违约和纠纷事件已经发生 29 起。而未被公布的违约事件和金额数应该远超这些统计数据。企业的债务风险由于企业的各种关联，还可能从个别企业债务风险演变为局部的、地域的乃至系统的风险。违约事件导致银行坏账增加，银行系统的风险也加大，危机传染至金融系统。

（6）金融监管不力，监管机构统筹监管不到位

随着金融改革的不断深化，多层次资本市场逐步建立起来，交叉性金融产品越来越多，金融风险的传递渠道更多、速度更快、影响更加广泛，建立一个可以全面监管这个市场的管理机构势在必行。在 2017 年 7

---

① 全国人大常委会预算工作委员会调研组. 关于规范地方政府债务管理工作情况的调研报告[J]. 中国人大, 2016(05): 19—23.
② 2016 年 6 月 23 日，孙学工在国新办吹风会上的讲话。
③ 中国人民银行金融稳定分析小组. 中国金融稳定报告（2016）. 中国人民银行官网, 2016-06.

月 14 日全国金融工作会议召开之前，现行的监管架构为"一行三会"，证监会、银监会和保监会的监管隔离，部际联席会议制度也存在信息沟通障碍和决策效率低等问题，无法适应不断变化的资本市场的管理需要。我国金融分业监管相对侧重于对各类金融机构的行为和金融机构个体的风险管控，缺乏对金融市场整体风险的宏观审慎监管，且金融监管的步伐跟不上当前金融创新的速度，分业监管对混业经营必然存在监管漏洞及监管真空，这导致我国当前的金融监管缺乏一定的时效性和有效性，金融市场的系统性风险得不到监管机构的有效防控和调控。此外，"一行三会"的"辐射"影响区域有一定的范围，而我国监管机构设置的地点存在一定的非均匀性，且层级架构过多、人员冗杂。分散的金融监管架构模式和离散的金融监管机构设置导致全局性的金融市场系统性风险难以得到统筹性把握和监管；机构设置由中央到地方层级较多且人员冗杂，最终会耗费大量的监管成本和监管政策实施传导时间，监管成效会因监管架构的不合理而大大削减，对金融市场系统性风险的防控能力也会相应削弱。

2017 年 7 月 14 日至 15 日，全国金融工作会议在北京召开。中共中央总书记、国家主席、中央军委主席习近平指出，防止发生系统性金融风险是金融工作的永恒主题。他强调，要加强金融监管协调、补齐监管短板。会议提出，设立国务院金融稳定发展委员会，强化人民银行宏观审慎管理和系统性风险防范职责。金融稳定发展委员会的设定一定程度上消除了我国金融体系"分业监管"的弊端，可以有效防止"九龙治水""各自为战"的局面，防止监管不足或监管过度，有力有效有序地引导资本服务实体经济。然而新成立的金融稳定发展委员会还需要明确委员会的职责边界和议事规则，如何与现有的监管体系有效地融合并进行管理还有待观察。系统性金融风险仍需关注。

（7）市场主体的预期和行为也会对金融体系产生不可逆的影响

金融市场由大量的市场主体构成，政府宏观政策的有效性和宏观调控的传导性很大程度上取决于市场主体的预期。当前我国经济正由高速增长逐渐过渡到中高速增长的"新常态"，市场也经历着改革转型的阵痛期，因而市场投资主体大多对我国经济发展势头未持相对积极的态度。

市场主体对我国金融市场整体发展的预期会充分反映在其行为中，而大量市场主体的类似行为会对整个金融市场产生较为剧烈的影响。例如，市场主体可能会减少对实体经济的投资而将资金大量投入到风险较高的金融市场进行投机，实体经济中的企业可能由于缺乏资金运转而陷入更深的危机，如此循环往复，系统性风险将进一步蔓延扩散，最后影响到整个金融体系的安危。投机资金和国际游资的行为也容易造成市场的大幅波动，"羊群效应"会进一步放大市场的波动，风险进一步蔓延又会影响到金融体系。因此，有效地管理和引导市场主体的预期也是防范系统性风险的重要内容。

4. 促进我国金融稳定、防控系统性风险的政策建议

经济全球化和金融深化都是时代发展的趋势，我们不能因为害怕受到国际环境的影响就降低经济金融的开放程度，更不能因为害怕金融创新和改革带来的不确定性可能影响金融体系的安危而不鼓励创新和改革，发展才是硬道理。只是在此过程中，要密切关注并防控系统性风险，防止其影响实体经济的发展和居民的生活。为此，笔者提出了促进我国金融稳定、防控系统性风险的政策建议。

（1）完善市场法律法规和制度建设，为金融体系的稳定奠定基础

在当前国内金融自由化和金融市场化程度不断提高的背景下，我国金融机构在管理与经营方面每天都会有新的问题出现，如国有银行不良贷款率居高不下，理财纠纷案件和涉案金额逐年攀升，区域性信贷资产受到房地产、"僵尸企业"等绑架。面对这些金融创新背景下复杂多变的金融问题，我国在制定金融监管政策时也要趋于灵活化。监管机构为满足不同金融机构或业务的发展需要，结合不同的发展阶段和发展背景提出了具有实时适用性的监管政策。而这要求相关监管机构在制定政策时不能恣意妄为，严格的规范和约束是保证金融体系长期稳定发展的关键。因此，我国有必要推进金融法制化建设，对市场中金融问题的解决要做到有理可循、有据可依，通过不断更新、修订、完善金融市场法律法规，保证监管政策符合市场发展需要，为金融体系的稳定运行奠定基础。

（2）实体经济的发展是金融体系持久稳定的源泉

正如全国金融工作会议上，国家主席习近平所提出的，做好金融工作需要回归本源，服从服务于经济社会发展。金融交易不是只消耗资源、不创造财富的"零和博弈"。金融是实体经济的一部分，金融可以有效调动经济社会的活力，提高资源配置的效率，本身也可以创造财富，成为推动经济发展和经济全球化的动力。从经济发展层面来看，实体经济的进步与改善是维持一国可持续发展的根本动力。金融体系的建立与形成离不开实体经济的稳健增长和不同实体业务间跨时间、跨空间的交流与互动。因此，我们在推动我国金融稳定发展、防控系统性风险时，要坚持金融体系服务于实体经济，一切以当前经济背景下促进实体企业改善经营状况、解决融资需求为前提条件。只有在宏观经济运营条件得到有效改善的前提下，我们才能够充分发挥资本市场的"助推器"作用，进而实现产业结构调整和产业转型升级，最大限度地提升我国实体企业的核心竞争力，并带动产业创新，实现中国工业的跨越式发展。

当然，在发展实体经济和产业管理，特别是国际贸易和合作中可以有效利用金融工具。

在"一带一路"建设中，除对外承包工程项目、输出产能和开展国际经贸合作外，要更多地发挥金融的引领作用。亚投行、金砖银行、丝路基金等金融平台可以为地区性基础设施的建设提供资金支持，有利于促进地区国家间的经济合作和发展、体现中国的大国形象、倡导新兴国家进入国际金融秩序、提高世界的资源配置效率并促进各个国家的持续发展。同时，可以有效利用国际货币基金组织、世界银行、亚洲开发银行等多边国际金融机构的金融支持，提高国家的产业发展和经济增速。当然，也要加强亚投行的金融功能，以建设性的姿态参与国际治理，以股权形式为纽带，将各国利益结合起来共同发展。不管怎样，产业和企业是最重要的市场主体，应给企业减税减负，同时切实降低企业融资成本，给实体经济注入活力，这样才能真正推动实体经济增长。

（3）全面性的金融监管是金融体系稳定的保障

① 监管机构要不断提升监管水平，扩大监管范围，加强宏观审慎监管，推动金融监管模式及体系改革

金融风险外部性的存在使我们必须从总体上关注金融机构之间的

联系，关注金融市场与经济发展之间的联系。监管要从跨机构和跨事件的维度进行，建立逆周期的宏观审慎管理制度。①在监管过程中，要树立全面监管意识：各个监管机构相关政策的制定、法规的出台都要站在宏观层面进行系统性考量，以"一行"为核心，"三会"及对应行业监管部门要相互协调、全力配合，保证政策实施的可行性、科学性和审慎性。要实现全范围内的金融监管：新兴行业也要在可控范围内进行自主化、市场化运营，监管手段和力度要因地制宜，保证行政干预在不影响市场活力和创新力的前提下实施，并通过对行业发展周期的预测和估计增强金融监管的实时性和有效性，最大限度发挥全面监管的政策效用，保证金融市场的快速稳健发展。2008 年金融危机对全球金融经济造成重创后，主要经济体都对金融监管体制进行了重大改革，主要是建立以防范和化解系统性风险为目标的宏观审慎管理制度。2010 年召开的 G20（20 国集团）首尔峰会，正式形成了宏观审慎监管的基础性框架，并要求 G20 成员执行。

② 监管机构要提升对各类金融创新产品的认知，加强对金融市场整体杠杆率的把控，规避金融市场系统性风险累积过高

次贷危机的发生让我们充分认识到金融创新的"双刃剑"特点。我们不能否认，在当前金融市场化背景下，金融创新在优化我国金融资源配置、调和金融内部关系、推动传统行业转型、帮助实体经济融资方面发挥着重要作用，但其对金融体系内各个行业的风险积聚作用也表现得愈发明显。因此，监管机构在促进金融创新、盘活市场存量时，要保证对各类金融创新产品或业务的正确认知，通过建立观测数据和评价指标以保证金融创新在可控范围内发展，进而实现对我国整体金融市场的风险防控。

（4）切实保护好市场投资者特别是中小投资者的权益

我国目前人均收入正逐渐向中等收入国家标准靠近。市场投资者特别是中小投资者的利益值得监管机构重视。从体量上来看，中小投资者的资金数量并不能与大型金融机构或高净值个人相比，但这一类型投资

---

① 焦瑾璞.金融市场基础设施建设及监管亟须加强[N]. 金融时报, 2017-01-11(002).

者产生的群体效应将对我国实现金融市场稳定发展产生显著影响。目前资本市场中交易最为频繁且交易需求最为强烈的就是中小投资者，由于这类投资者投资理念和风险防控观念尚不及西方发达国家投资者，因此极易受到市场舆论导向影响，从而形成巨大的热钱效应，左右资本市场甚至金融市场的资金价格运动方向，进一步威胁到金融体系的安全与稳定。因此，我们在保护中小投资者利益时应从两方面入手：一方面要帮助中小投资者树立正确的投资观念，强调风险评估的重要性，逐渐消除目前国内中小投资者的投资盲点和误区；另一方面要通过出台政策保证股票市场、债券市场标的价格的相对稳定，提高市场中的信息披露程度，打破"消息市"，逐渐向价值回归方向发展。同时，对于严重扰乱市场金融秩序的不良舆论要强烈谴责，甚至通过法律手段追究相关报道媒体的刑事责任，进而实现整个金融市场的良好运行和稳定发展，在帮助中小投资者实现个人财富增值的基础上，为广大实体企业提供融资渠道。

（5）防控社会流动资金参与投机活动，避免继续滋长非实体经济泡沫

改革开放以来，我国民众积累了大量财富，社会流动资金的大量积累虽是我国推进资本市场发展、放松管制、进行金融市场化改革所取得的重要成果，但同时也对我国金融抑制背景下如何满足日益增长的社会投资需求提出了更高要求。当前阶段，我国金融市场创新化发展相较于西方发达国家还处于初级阶段，金融市场投资品种或业务明显不足，这促使社会流动资金更多地参与到以民间借贷为代表的民间金融体系中。在这一过程中，不监管或监管不足都将导致整个民间金融市场的信用过度扩张。非实体经济泡沫的快速膨胀一方面会加剧民间金融运营过程中杠杆率的提高，另一方面也会吸引更多的实体企业资金参与投机活动。因此，我国监管机构需要对民间金融部门进行严格监管，定期出台监管报告；同时，央行应加快对"僵尸企业"进行混合所有制改革，鼓励民间流动资金参与地方性政府公共项目，进而实现在供需两端解决民间资本过度投资问题。

（6）建立系统性风险预警机制

系统性风险预警机制包括系统性风险识别、度量和预警模型。在国

际金融组织、各国政府及学者的努力下，已经建立了多种系统性风险预警机制。亚洲金融危机之前，较为常用的是风险预警线性模型，如 FR 概率模型①、STV 模型②、KLR 信号法③以及 DCSD 模型④。亚洲金融危机之后到次贷危机之前，较为常用的风险预警方法包括以 IMF 金融稳健指标、金融压力指数和金融稳定状况指数为代表的指数衡量方法，以及人工神经网络模型、马尔科夫状态转换和简单逻辑模型。而次贷危机后，主要采用网络分析法和共同风险模型等方法来衡量风险关联性。各国央行也分别开发监管预警工具，如欧洲央行采用的改进的综合指数法（CISS）、IMF 的系统性风险早期预警系统（EWE）、英国的系统性机构风险评估系统（RAMSI）、韩国央行的宏观审慎政策系统性风险评估模型（SAMP）等。⑤我国也应该建立基于我国国情的系统性风险预警机制，有效监管和预测系统性风险状况，为政府和市场提供有效的风险信息，防止金融危机的发生，避免金融体系的风险影响经济的发展和居民的生活。

（7）加强国际合作，防范危机跨国传播

随着我国金融市场对外开放程度的提高，国际金融市场的冲击也会传导至我国金融市场。金融风险跨境传递的影响较大，国际合作十分重要。国际金融合作存在多种形式，主要是各国央行和监管部门的合作，包括信息搜集与共享、政策配合和共同打击市场破坏者。同时，国际组织或协议也对防范国际系统性风险有重要的意义。《巴塞尔协议》是国际金融合作的一个典范，从国际的角度对银行的资本计量和限额提出标准，有效地遏制了商业银行的风险累积，从外部保证了银行的稳定性和安全

---

① FR 概率模型：Frankel（弗兰克尔）和 Rose（罗斯）以 100 个发展中国家在 1971—1992 年发生的货币危机为样本建立的货币危机发生可能性的概率模型。

② STV 模型：Sachs（萨尔斯），Tomel（托梅尔）和 Velasco（贝拉斯科）选用 20 个新兴市场国家的截面数据建立的哪些国家有可能发生危机的模型。

③ KLR 信号法：Kaminsky（卡明斯基），Lizondo（利松多）和 Reinhart（莱因哈特）提出并经 Kaminsky（卡明斯基）完善，通过研究货币危机发生原因确定变量，并通过历史数据检验显著指标。

④ DCSD 模型：也叫发展中国家模型，由 IMF 从 KLR 信号法中延伸，假设危机发生概率随着预测变量的相对变化而线性增加。

⑤ 陈奕好. 对 KLR 金融危机预警模型的实证研究. 安徽大学[D], 2011.

性，从而有效防控国际的系统性金融风险。此外，为了有效维护国内的金融市场稳定，要对国际游资热钱保持较高的关注度和警惕性，防止国际投机资本扰乱国内金融市场；而打击国际游资热钱同样也需要国际间的有效沟通和密切合作。

5. 未来展望

从整体来看，我国金融体系的系统性风险不断累积，但总体可控。随着金融改革的深化和发展，金融创新产品层出不穷，市场改革逐步推进，地方政府债务风险不断积聚，国有企业债务风险日趋严重，金融监管架构尚未完全明确，市场主体预期亦不确定。因此，在复杂的金融背景下，部分投机者和投资者不断利用复杂的金融工具进行监管"套利"和改革"套利"，金融体系内的系统性风险不断加剧。但幸运的是，我国监管部门及时发现了这些行为并采取了严厉打击的措施。最高人民检察院要求各级检察机关充分发挥检察职能作用，加强和改进金融检察工作，为健全金融法治、保障国家金融安全提供有力的司法保障，加大证券期货犯罪打击力度，坚决查处兴风作浪的"金融大鳄"、搞权钱交易和利益输送的"内鬼"，对重大案件实行挂牌督办，形成有效震慑。全国金融工作会议也为做好经济"新常态"下的金融工作指明了方向。此外，国务院成立金融稳定发展委员会，有效地减少了现存监管机制中"分业监管"的"九龙治水"的弊端，大大提升了金融监管的有效性。在监管水平提高、执法力度加大的背景下，我国政府仍要大力鼓励金融创新和推动金融改革，持续释放改革红利，深化重点领域改革，完善宏观审慎政策框架，发挥金融在资源配置和经济发展中的有效作用。技术上，要完善金融风险识别、评估、监测和预警机制建设，对跨市场、跨行业、跨国际的风险传染进行有效的分析和评估，全面排查风险隐患。思维上，仍要强化底线思维，牢牢守住不发生系统性金融风险乃至金融危机的底线，维护金融体系的稳定。

二、金融改革的现状与方向

（一）股票质押业务

股票质押业务的本质是质押贷款业务，具体而言是指个人或企业将持有的证券（主要是股票）作为质押品，向券商、银行、信托等借钱，到期后归还借款解冻质押证券的一种行为。股票质押业务分为场外股票质押回购和场内股票质押回购。场外股票质押回购是指债务人将其持有的股票移交债权人占有，股票作为该笔债务的担保，当债务人不履行债务时，债权人有权依法处理质押的股票。场内股票质押回购业务又称交易所股票质押回购业务、证券公司股票质押式回购业务。根据中国证监会《股票质押式回购交易及登记结算业务办法（2018 年修订）》第一章第二条，股票质押回购是指符合条件的资金融入方（以下简称融入方）以所持有的股票或其他证券质押，向符合条件的资金融出方（以下简称融出方）融入资金，并约定在未来返还资金、解除质押的交易。

1. 股票质押业务相关特征

1.1 股票质押业务的基本要素

股票质押的本质是以一种以股票为担保的质押式融资途径，是公司股东通过向提供资金的证券公司、银行、信托机构等质押股票，筹集资金。股票质押业务在资金用途、质押条件上有明确要求。融入资金应当用于实体经济生产经营，不得用于淘汰类产业、新股申购、买入股票、其他禁止性用途。在质押条件上，对质押率、融资成本、质押年限有以下限制：质押率=贷款本金/质押股票市值，一般来说，主板、中小板和创业板公司的质押率分别为 50%、40%、30%，质押率最高不超过 60%；融资成本为 7%—8%，但场外质押的利率弹性较大，约为 7%—15%；质押期限大多为 1 年，其中场内股票质押回购业务的期限为 3 年。

股票质押业务的回购路径即解质押路径，在正常还款和非正常还款的情况下不同。正常还款情况是指在到期时出质人拥有足够资金，可以进行回购解质押，通常而言，股价上行时，出质人没有还款压力，但若股价持续下行，则不然。此外，出质人也可提前还款解除质押。非正常还款情况是指，由于股价的波动会影响质押股票的价值，进而给融出方带来风险，因此，为降低违约风险，融出方会通过逐日盯市的方式，设定预警线和平仓线。若质押股票的市值达到预警线，融出方会通知融入方进行补仓；若达到平仓线时，融入方无力补仓和回购的，场外股票质押回购业务的融入方可进行司法处置，场内股票质押回购业务的融出方将有权强行平仓或进行司法处置。

1.2 股票质押回购业务的分类

股票质押回购业务分为场外股票质押回购业务和场内股票质押回购业务，如图 2.1.1 所示。

（1）场外股票质押回购业务

场外股票质押回购业务又称股票质押，是股票质押业务的早期发展。场外股票质押回购业务，是指有融资需求的个人或企业将所持有的证券进行质押，公司对客户进行尽职调查后使用自有资金或依法筹集的资金通过资产管理公司的资产管理计划向客户进行融资的一种借贷行为。场外股票质押回购业务以商业银行、信托机构和基金子公司为主要操作主体。场外模式需要盯市、设置警戒线与平仓线，当债务人出现违约情况时，债权人不能在场内交收和处理股票，需要按照贷款违约的模式进行司法处置，其周期和程序更冗长复杂。

（2）场内股票质押回购业务

证券交易所、中国证券登记结算有限责任公司于 2013 年 5 月 24 日联合发布了《股票质押式回购交易及登记结算业务办法（试行）》，标志着这一创新业务的正式推出已具备制度基础。证券公司股票质押业务弥补了场外质押在违约处置和时效性等方面的难题，通过场内交易满足了客户的融资需求。

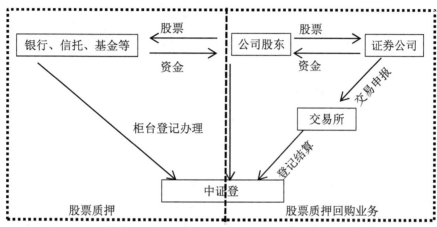

图 2.1.1　场外股票质押回购业务和场内股票质押回购业务的流程对比图

资料来源：笔者根据股票质押回购业务的分类整理。

　　与场外股票质押回购业务不同，场内股票质押回购业务在交易程序和违约处置方面得到了更大的弹性。一方面，场内股票质押回购业务是在上海证券交易所或深圳证券交易所所内由且仅由证券公司通过交易系统完成初始交易或回购交易、补充质押、部分提前购回等，而场外股票交易要求融出方和融入方共同到中国证券登记结算有限责任公司（以下简称中证登）深圳分公司或者上海分公司的营业部从递交材料到收到办结证明为止进行办理操作。另一方面，场内股票质押回购业务未发生违约，除了采取诉讼手段，融出方还可以在向证券交易所申报后通过集合竞价、大宗交易、协议转让等直接强制平仓。

　　除此之外，由于成本低、效率高、业务灵活、资金来源广等优点，场内股票质押回购业务得到了迅猛的发展。

1.3   股票质押业务的发展初衷

出于对实体经济融资支持、缓解我国中小企业长期存在融资难的问题、拓宽企业融资渠道的考量，股票质押业务可以使中小板、创业板上市公司通过股权融资获得低成本资金，扩充实业投资，满足实体经济需求。

2. 股票质押业务的发展历程

2013 年以前，股票质押业务以场外股票质押回购业务的形式存在，主要是银行和信托机构等满足企业融资需求。随着《股票质押式回购交易及登记结算业务办法（试行）》的颁布，场内股票质押回购业务登上舞台，股票质押业务不断壮大，股票质押市场不断成熟，如图 2.1.2 所示。根据田利辉等（2018）在《南开金融发展报告——中国金融变革和市场全景》一书中对股票上证综指波动情况分析，将股票质押业务分为 2013 年 6 月 28 日至 2015 年 6 月 12 日的牛市阶段；2015 年 6 月 15 日至 2016 年 3 月 31 日的股灾阶段；2016 年 4 月 1 日至 2017 年年底的震荡恢复阶段。

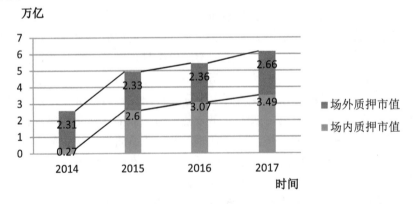

图 2.1.2   2014—2017 年我国股票质押规模

数据来源：Wind，中证登、上交所、深交所。

2.1　牛市下股票质押业务的发展

2013 年 6 月 28 日至 2015 年 6 月 12 日，上证综指从 1979.21 点疯涨至 5166.35 点，股市走牛，股价不断上涨，股票质押业务的风险随之下降，股票质押业务从 2014 年年末的 2.58 万亿元增长至 4.93 万亿元，场内场外股票质押回购业务得到迅猛增长，场外股票质押业务的稳健发展，场内股票质押业务从零到有实现了突破性发展。

场内股票质押业务主要受益于金融监管放松，证券机构业务创新。2013 年 5 月，交易所、中证登发布《股票质押式回购交易及登记结算业务办法（试行）》；同年 6 月 24 日，正式启动股票质押式回购业务。在此大背景下，场内股票质押回购业务风生水起。场内质押市值从 2014 年仅有 0.27 万亿元（占同年股票质押业务市值不足 10%），到 2015 年年底的 2.6 万亿元（占同年股票质押业务市值约 53%）。

2.2　股灾下股票质押业务的发展

2015 年 6 月 15 日至 2016 年 3 月 31 日的，上证综指从 5062.99 点跌至 3003.92 点，跌幅高达 40.7%。股价持续下行使得质押股不断爆仓，无限售流通股的平均质押率也随股票市场的起伏而大幅波动，限售股质押率却稳步上升，整体而言股票质押业务在该段时间内发展趋缓。场外股票质押规模从 2015 年年末的 2.33 万亿元上升至 2.36 万亿元，场内股票质押规模从 2015 年年末的 2.6 万亿元上升至 3.07 万亿元，股票质押整体规模较 2015 年的 4.93 万亿元上升至 5.43 万亿元。

2.3　股市震荡恢复下股票质押业务的发展

2016 年一季度，经济结束下行，股票市场出现缓慢复苏，场外股票质押规模和场内股票质押规模了均有了较大幅度提升。场外股票质押规模从 2016 年的 2.36 万亿元上升至 2.66 万亿元，增幅高达 12.7%；场内股票质押规模从 2016 年的 3.07 万亿元上升至 3.49 万亿元，增幅高达 13.7%。

2.4 总结

随着我国资本市场的不断发展完善，股票质押已经成为企业融资的重要渠道。越来越多的企业参与到股票质押业务中来，股票质押融资总额不断增大。股票质押业务降低了企业的融资约束，缓解了企业融资难的问题。然而经济周期的变化对企业股票质押产生极大影响，尤其是当股票价格下行，股票价格达到预警线或平仓线时，将对融入方现金流产生巨大影响。若处置不当，机构强行平仓，股票质押将会为股票价格带来进一步的下行趋势。

3. 股票质押业务的现状分析

自 2018 年以来，受中美贸易摩擦、国内经济转型、股票市场信心不足等多方面影响，我国 A 股各大指数下跌。股权质押的上市公司触及警戒线或平仓线的现象多有发生，加大了市场对股票质押式回购交易违约的担忧。

3.1 股票质押现状

根据图 2.1.3 和图 2.1.4 显示，截止到 2018 年 11 月 7 日，市场质押股数 6456.89 亿股，市场质押股数占总股本 10.05%；大股东质押股数6059.22 亿股，大股东质押股数占所持股份比约 6.59%。

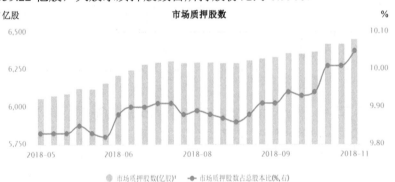

图 2.1.3 截止到 2018 年 11 月 7 日，我国股票市场质押股数

数据来源：Wind。

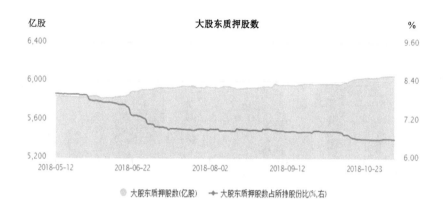

图 2.1.4　截止到 2018 年 11 月 7 日，我国股票市场大股东质押股数

数据来源：Wind。

市场质押市值为 4.6 万亿元总市值。虽然整体质押市值相比年初 6.49 万亿元下降颇多，但主要原因是由于股价下跌引发新增股票质押业务的参考市值随之下降而导致。其中，大股东未平仓总市值 1.17 万亿元，大股东疑似触及平仓市值 3.01 万亿元，如图 2.1.5 和图 2.1.6 所示。

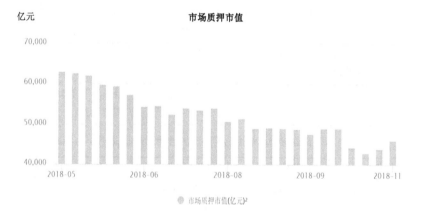

图 2.1.5　截止到 2018 年 11 月 7 日，我国股票市场质押市值

数据来源：Wind。

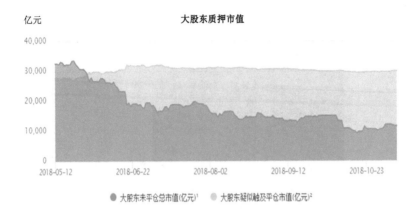

图 2.1.6   截止到 2018 年 11 月 7 日，我国股票市场大股东质押市值

数据来源：Wind。

此外，我国股票质押业务的规模虽然庞大，但分部却高度不均。如表 2.1.1 和表 2.1.2 所示，从券商行业层面分析，自 2018 年 1 月以来，行业竞争日趋严重，参与股票质押业务的券商多达 95 家证券公司，根据交易次数排序，海通证券交易次数多达 853 次，国泰君安 576 次，而东方花旗证券、中德证券、大同证券等股票质押交易次数仅 1 次；从总质押股数来看，华泰证券总质押股数多达 1037118.01 万股，而银泰证券仅 73.2 万股；根据质押股权的参考市值统计，申万宏源证券全部股票质押交易的参考市值约为 6121950.15 万元，位居券商首位，银泰证券约 6063.89 万元，位居末位。

表 2.1.1   截止到 2018 年 11 月 7 日，股票质押市值前十的券商

券商名称	交易次数	总质押股数（万股）	参考市值（万元）
申万宏源证券	423	800597.05	6121950.15
海通证券	853	656439.13	5063473.87
华泰证券	538	1037118.01	4230791.75
中国银河证券	399	366499.28	3958117.97
中信证券	484	623172.64	3898265.01

续表

券商名称	交易次数	总质押股数（万股）	参考市值（万元）
中信建投	367	383655.21	3223572.41
国信证券	442	415800.39	2999575.54
广发证券	490	369018.20	2961606.19
招商证券	367	301631.02	2651782.62
国泰君安	576	404659.25	2509530.71

数据来源：Wind。

表 2.1.2　截止到 2018 年 11 月 7 日，股票质押市值后十的券商

券商名称	交易次数	总质押股数（万股）	参考市值（万元）
银泰证券	1	73.20	6063.89
世纪证券	1	810.00	8253.90
大通证券	1	2500.00	10050.00
中德证券	1	3600.00	21708.00
宏信证券	7	4498.55	22718.25
大同证券	11	3636.51	23705.66
九州证券	21	5983.00	35041.37
中山证券	18	9576.37	48750.28
恒泰证券	15	8054.87	49566.02
英大证券	10	6850.00	50200.10

数据来源：Wind。

根据表 2.1.3 显示，按证券累计质押股数分析，证券累计质押股数前十的券商，其累计质押比均超过 70%，其中，银亿股份的累计质押比最高。银亿股份合计质押 33.1 亿股，占公司总股本的 82.18%，涉及质押市值 186.37 亿元。由于三六零公司市值较大，公司股东进行大比例质押，三六零合计质押 51.34 亿股，占公司总股本的 75.9%，涉及质押市值高达 1178.79 亿元。

表 2.1.3　截止到 2018 年 11 月 7 日，证券累计质押股数前十的券商

证券简称	累计质押数（亿股）	累计质押总市值（亿元）	累计质押比（%）
银亿股份	33.1	186.37	82.18
藏格控股	15.54	173.31	77.96
贵人鸟	4.85	30.5	77.14
印纪传媒	13.59	42.28	76.81
三六零	51.34	1178.79	75.9
美锦能源	31.42	119.38	75.88
海德股份	3.32	40.65	75.11
供销大集	44.96	123.65	74.84
光启技术	15.96	137.54	74.05
茂业商业	12.8	63.37	73.92

数据来源：Wind。

3.2　本轮股票质押业务的主要风险特点

2018 年以来，受国内外经济形式不确定性因素影响，A 股市场震荡剧烈，众多上市公司由于现金流紧张而非理性地提高质押股票数量和比例，甚至存在大股东恶意套现行为，导致在股价下跌时补仓、平仓风险进一步加大。从公司角度出发，若大股东质押的股票在二级市场被强行平仓，会造成大股东对上市公司失去实际控制权，对公司经营管理造成极大的冲击；而从股票市场角度出发，若大股东质押的股票在二级市场上被强行平仓，会导致股价大跌，形成"踩踏效应"，极易引发系统性风险。

案例：平仓风险下，金一文化实际控制人转移

金一文化（002721.SZ）主营金银制品、珠宝首饰，2014 年上市，近 3 年净利润增长速度虽然放缓，但仍然在上升通道中。今年上半年，公司净利润同比增长 190.05%。虽然金一文化营收情况良好，但公司股东的资金面颇为紧张，大股东质押的股票触及平仓线，可能发生实际控制人转移。

金一文化原实际控制人钟葱，此前直接持有股份占公司总股本的12.89%，通过上海碧空龙翔投资公司（下称"碧空龙翔"）间接控制上市公司17.9%，合计控制上市公司30.79%的股份。钟葱直接持有、处于质押状态的股票占公司总股本的12.02%，碧空龙翔持有金一文化17.9%的股权，其中质押状态占了公司总股本的16.83%。2018年7月10日，碧空龙翔和钟葱收到相关证券公司的通知，由于相关股票质押式回购交易涉及违约，如果不能追加保证金、补充质押或提前回购，质权人按照协议约定对其质押的股票进行违约处置，这样导致被动减持公司股票。钟葱及其亲属将所持碧空龙翔股份（共占碧空龙翔总股本的73.32%），全部转给北京海淀科技金融资本控股集团股份有限公司（下称"海科金集团"，为北京市海淀区国资委控股），交易对价1元。海科金集团通过碧空龙翔间接控制金一文化17.9%的股份，成为第一大股东，北京市海淀区国资委成为金一文化实际控制人。

3.3　本轮股票质押业务的主要风险应对

针对近期股票市场波动较大的情形，市场开始担心股票质押业务的风险情况，股市信心严重不足，股票质押流动性风险不断加剧。沪深交易所、中国证券业协会、中国银行业协会四部门相继发声，为股票质押业务站台呐喊，认为风险仍然相对可控。除此之外，在深圳国资委斥资数百亿化解股票质押风险后，北京、河南、山东等十个省市纷纷出手构建风险供给机制，降低上市公司股票质押风险，提高上市公司流动性。证监会发出声明，11家证券公司达成意向出资210亿元设立母资管计划，作为引导资金支持各家证券公司分别设立若干子资管计划，吸引银行、保险、国有企业和政府平台等资金投资，形成1000亿元总规模的资管计划，专项用于帮助有发展前景的上市公司舒解股权质押困难。银保监会主席表示，银保监会将通过稳步推进理财子公司改革，要求银行业做好股权质押融资业务风险管理、允许保险资金设立专项产品参与化解上市公司股票质押流动性风险等措施，表2.1.4整合了自2018年以来股票质押业务风险的应对措施。

表 2.1.4　自 2018 年以来股票质押业务风险应对措施

时间	应对措施
2018 年 6 月 25 日	中国银行业协会表示，银行业金融机构要科学合理地做好股票质押融资业务风险管理，在质押品触及止损线时，质权人应当综合评估出质人实际风险情况，采取恰当方式妥善处理
2018 年 6 月 26 日	沪深交易所和中国证券会分别发布公告称，沪深两市上市公司股票质押风险总体可控
2018 年 9 月 7 日	全国股转公司新闻发言人表示，截至 8 月末，新三板共有 2243 家挂牌公司存在股权质押，高质押比例公司少，挂牌公司股权质押引发控制权转移的风险较低
2018 年 10 月 12 日	证监会明确表示，募集配套融资可以用于补充流动资金，用于补充流动资金、偿还债务的比例不应超过交易作价的 25%，或者不超过募集配套资金总额的 50%
2018 年 10 月 13 日	深圳市政府安排数百亿元专项资金，构建风险共济机制，降低深圳 A 股上市公司股票质押风险
2018 年 10 月 22 日	为降低股票质押风险，11 家券商宣布出资 210 亿元设立母资管计划，在吸引银行、保险等资金分别设立子资管计划，形成总规模 1000 亿元的资管计划
2018 年 10 月 25 日	银保监会通知，允许保险资产管理公司设立专项产品，参与化解上市公司股票质押流动性风险
2018 年 10 月 26 日	《公司法》修订后，在允许股份回购的基础上新增以下三条：将股份用于员工持股计划或者股权激励；将股份用于转换上市公司发行的可转换为股票的公司债券；上市公司为维护公司价值及股东权益所必需
2018 年 10 月 29 日	保险业首支化解股票质押流动性风险的专项产品"国寿资产——凤凰系列产品"完成登记
2018 年 10 月 31 日	11 家证券公司就 255 亿元（部分公司在原有约定的基础上追加了出资）出资规模签署了发起人协议，作为共同发起人发起行业系列资管计划

数据来源：作者根据新闻报道整理。

4. 股票质押业务存在的风险

风险监控是股票质押业务的核心，市场风险、信用风险、流动性风险、操作风险以及合规风险等不容忽视。

4.1　市场风险

市场风险主要表现在由于质押物是标的证券，因此其价格波动变化十分频繁，若标的证券连续跌停，达到平仓线甚至警戒线，融入方、融出方均处于极大的风险敞口下。若市场风险进一步扩散，极易引发流动性风险和信用风险（违约风险）的爆发。本轮股票质押业务的风险集中表现为市场风险、流动性风险和信用风险。

4.2　信用风险

信用风险表现在以下两个方面。第一，融入时，融入方是否进行合规信息披露，是否如实披露权益变动情况，股票质押融资的信息披露，可防止大股东出现恶意套现行为和减少股票市场和股权质押市场的信息不对称，维护证券市场的"三公原则"。第二，股票质押到期，融入方不履行其回购义务。出现违约风险时，融出方需进行质押证券违约处置，融出方在二级市场进行强制平仓极易引发标的证券价格崩盘，若进行司法拍卖，耗时耗力，往往得不偿失。

案例：盛达集团因未合规披露股票质押情况受行政处罚

甘肃盛达集团（以下简称盛达集团）未真实披露控制他人账户持有盛达矿业股份有限公司股票（以下简称"盛达矿业"）和控制他人账户将2160万股盛达矿业进行股票质押融资的相关情况。证监会依法对盛达集团信息披露违法违规案做出行政处罚，对盛达集团给予警告，责令改正，并处以 45 万元罚款，对直接负责的主管人员赵满堂给予警告，并处以 40 万元罚款，对其他直接责任人员王军保给予警告，并处以 20 万元罚款的行政处罚。

4.3　流动性风险

流动性风险主要表现为在待购回期间，标的质押证券市值下跌达到警戒线后，融入方没能追加质押证券或进行回购，标的证券市值连续下跌，证券流动性不足进一步加剧，融出方进行强制性平仓无足够对手接盘，造成无法全面平仓的风险。

4.4　操作风险

操作风险是指由于技术系统故障、资金交收或质押与解除质押登记失败、通知与送达异常、证券公司未履行职责等原因导致的风险。证券公司未按照约定尽职履行交易申报、合并管理、盯市、违约处置等职责从而损害客户利益的风险等。

5. 总结建议

（1）源头防范

加强对股票质押业务融入方的尽职调查。首先，严格审查出资人的资格，《公司法》修订后，公司在出资范围、出资期限、股权出资和股权转让方面有了一定的变化，对股票质押行为的合法性进行判定；其次，合理评估质押股票的价值，融出方应该对质押股票进行全面调查和合理评估，不仅对股票的价值有合理判断，更应该对公司的经营状况、财务状况有充分的了解；最后，完善股权质押合同，防止融入方出现循环质押和上市公司出现高度集中质押等情况的发生。

（2）过程监督

完善券商内部对股票质押业务的操作环节。根据已有成功业务的经验总结，设立成熟、标准化的作业流程，将更多的人力、物力放在尽职调查、人工审核和质押期间现金使用的监督上，提高对或有负债、关联交易、公司财务报表的关注。加强股东行为规范、有效内部约束，建设运行高效灵活的经营机制，提高管理水平。

（3）风险分散

加快金融创新业务的发展，完善险资入市，资产管理业务与股票质押业务的有机结合。在本轮股票质押业务风险化解中，监管层推出险资入市、资管结合的措施，尝试将抵押的股权作为资产证券化的新标的，从而增强流动性，实现风险转移。但是在此过程中，应当加强监督管理，对标的证券、相关公司进行有效筛选，达到"救急不救穷"的目的，分散风险的同时防止风险的进一步扩散。

股票质押业务本质上是名股实债类的贷款业务，股票质押业务融资成本低、资金来源广，极大地缓解了企业融资问题，助力实体经济的发展。然而，股票质押业务属于高风险业务，因此，加强对股票质押业务的监督管理，对金融经济的发展具有重要意义。通过加强股票质押业务标的证券的合理筛选，提高对质押股东、标的公司的过程监督，加强金融创新分散已有风险，规范股票质押业务的健康发展。

（二）资金盘活：PPP 和资产证券化

源于 20 世纪 60 年代末美国住房抵押贷款市场，资产证券化作为金融创新的产物，已经历了近半个世纪的发展过程。这种全新的融资方式以融资者资产而并非其自身信用为融资基础，利用资产未来现金流进行偿付，实现了发行证券与出售资产的结合。

中国资产证券化实践到目前为止仅有十余年的历史。在当前推进金融改革的背景之下，我国的资产证券化在完善金融市场、盘活商业银行的资本存量、加速资本市场的周转速度、优化资本结构、促进经济结构转型等方面有着重要的作用。然而在这一过程中仍然存在着大量的遗留问题以及风险隐患，次贷危机的阴影和影响仍然没有完全消散，这警示我国在资产证券化的发展过程中必须有清醒的风险预防意识，避免出现类似的危机。

随着 PPP 模式在我国的进一步发展以及 PPP 模式资产证券化的推进，今后我国资产证券化发展面临新的机遇和增长点，必将在优化融资结构、促进我国经济结构转型等方面发挥更大的作用。

1. PPP 模式

1.1　PPP 模式及其融资特点

PPP（Public Private Partnership，以下简称 PPP）模式，是指政府为增强公共产品和服务供给能力，提高供给效率，通过特许经营、购买服务、股权合作等方式，与社会资本建立的利益共享、风险分担及长期合作的关系。[①]

PPP 模式的发展在促进我国经济转型、优化融资结构、吸引民间资本进行基建投资，以及提高资本利用效率等方面发挥着重要的作用。自 2015 年以来，我国从政府层面开始自上而下推广此模式，并陆续出台了一系列文件和指导意见进行规范引导。在地方省市，PPP 模式项目库纷纷建立，各种项目的投资额也迅速增长。PPP 模式主要有三种：购买服务、特许经营和股权合作。各种模式的项目特点如表 2.2.1 所示。

表 2.2.1　PPP 的三种主要模式

模式名称	模式介绍	适用范围
购买服务	政府出资投资建设，社会资本出资购买项目职能并进行管理维护	用于提升运营效率、质量的领域
特许经营	政府授权其权利、义务和风险，约定其在一定期限和范围内投资、建设、运营并获得收益	适用于交通运输、水利、环境保护等特定领域
股权合作	让渡一部分国有公司的股权给私人部门持有	相当于公共服务领域的公私股权合作

资料来源：笔者根据相关资料整理。

国际上，PPP 项目大多采用项目融资（Project Financing）的方式进行。其融资主要有以下四个特点：

---

① 国家发改委. 关于开展政府和社会资本合作的指导意见（发改投资〔2014〕2724 号）. 国家发改委官网, 2014-12.

有限追索权：以项目预期的未来收益为融资基础，通常对除了抵押资产以外的资产无追索权或仅有有限追索权。

高杠杆率：由于项目融资债权人参与项目程度较深，项目风险在项目各参与主体间得到了合理分担，因此杠杆率要比传统的企业融资高得多。

表外融资：项目融资的承贷主体通常为项目公司，在现行会计准则之下，项目融资对应的债务仅出现在项目公司的资产负债表上。

项目期限长：项目融资在设计融资期限等要素时，以各项建造、运营等合同的期限作为融资期限。

1.2　我国 PPP 模式发展

（1）我国 PPP 模式发展状况简介

为了便于社会各界理解和应用项目库信息，促进 PPP 市场科学、规范的发展，自 2017 年 9 月起，在全国 PPP 综合信息平台项目库内构建储备库和管理库。储备库是指识别阶段项目，是地方政府部门有意愿采用 PPP 模式的备选项目，但尚未完成物有所值评价和财政承受能力论证的审核。管理库是指准备、采购、执行和移交阶段项目。因此，我们分别整理得到管理库项目数和储备库项目数。

根据《全国 PPP 综合信息平台项目库季报》数据资料可以看出，截至 2018 年三季度，PPP 全国管理库项目达 8289 个，投资额达 12.29 万亿元，累计落地项目 4089 个，落地率达 49.3%，其中市政工程类、交通运输类、生态建设和环境保护类位居前三位。如图 2.2.1 所示。

通过图 2.2.1 可以看出，2017 年以来我国 PPP 模式呈现出稳步发展的态势，入库项目数和项目落地率均不断上升。以 PPP 入库项目的省份分布情况来看，居于前五位的山东、河南、内蒙古、湖南、新疆占到入库项目总数的 41%。从 PPP 项目行业分布来看，我国 PPP 项目主要集中在市政工程、交通运输、生态建设和环境、城镇综合开发等行业，如图 2.2.2 所示。

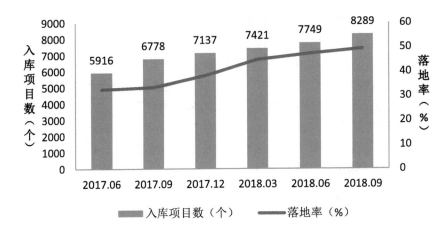

图 2.2.1   2017—2018 年我国 PPP 模式全国入库项目

资料来源：财政部 PPP 模式信息平台。

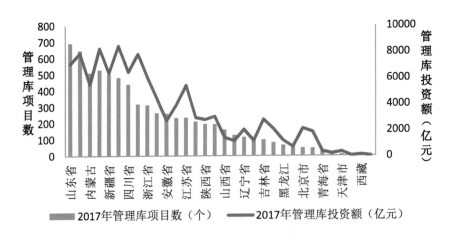

图 2.2.2   2017 年我国 PPP 项目入库情况省份分布

资料来源：财政部金融司。

可以看出，PPP 项目主要集中在中西部地区，而且行业分布也大多集中于市政工程和交通运输等基础设施建设行业，有助于拉动地方投资，缓解基建资金缺口压力。

　　从付费方式来看，截至 2018 年 9 月底，可行性缺口补助成为最主要的付费方式，所占比例达 53.2%，其次是政府付费，最后是使用者付费，比例分别为 39.3%、7.5%，三者比例相差较大。如图 2.2.3 所示。

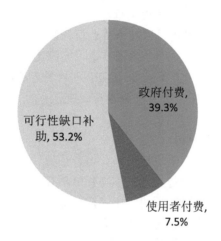

图 2.2.3　PPP 项目付费方式分布

资料来源：财政部金融司。

　　（2）我国 PPP 模式的主要融资机构

　　根据财政部政府和社会资本合作中心的 PPP 项目库数据可以看出，参与 PPP 项目的金融机构主要包括商业银行、开发性金融机构和政策性银行以及非银行金融机构三大类。

　　① 商业银行

　　商业银行主要通过信贷业务、投行业务和理财业务三种方式参与到 PPP 项目中。

　　信贷业务中，信贷融资和以投资产业基金形式入股是商业银行参与 PPP 项目的最常见的方式。信贷业务中传统企业贷款、项目融资贷款和银团贷款是最主要的三种类型。商业银行通过投行业务可以全方位对

PPP 项目进行权益、债务和夹层融资，主要融资模式包括投资产业基金和承销债券。理财业务对 PPP 项目融资的模式主要是商业银行发行理财产品募集资金，再通过与信托、券商、保险、基金等渠道的对接，以债权或股权的形式，满足 PPP 项目公司的融资需求。

② 开发性金融机构和政策性银行

开发性金融机构和政策性银行在参与 PPP 项目融资时具有独特的优势：风险收益要求与 PPP 项目融资特点相匹配；融资期限较长，适合 PPP 项目长期性的特点；金融服务手段丰富，能满足 PPP 项目复杂的融资结构要求；深厚的政府背景适合协调 PPP 项目各方利益要求。开发性金融机构和政策性银行主要采用权益融资、夹层融资和债务融资方式进行 PPP 项目融资。

③ 非银行金融机构

非银行金融机构主要包括信托公司、证券公司和保险公司。

信托公司以股权投资的方式参与 PPP 项目的建设和运作。具体来说，信托公司可以发行期限较长的股权信托计划，以对项目公司进行股权投资的方式参与 PPP 项目的建设和运营，通过项目分红收回投资。证券公司立足资本市场，可以利用各类标准化和非标准化的工具参与 PPP 项目融资，主要包括并购重组、债券承销和资产证券化等。PPP 项目由于具有稳定的收费来源（现金流），是资产证券化的优良标的。保险公司通过发起资产管理计划参与 PPP 项目的融资模式，资金来自保费。

（3）我国 PPP 模式发展特点

① 绿色低碳项目迅速发展

截至 2017 年年末，我国公共交通、生态建设和环境保护、可再生能源等领域 PPP 项目数超过 4000 个，投资额超过 7 万亿元，这些项目在促进我国低碳经济和节能环保方面发挥着巨大的作用。

② 交通基础设施 PPP 项目迅速发展

2017 年我国 PPP 项目主要集中在市政工程、交通运输、旅游、城镇综合开发等行业，交通运输领域的 PPP 模式迅速发展有助于我国基础设施的完善，可为交通工程提供长期稳定的融资。

① 民营企业参与度不断提高

　　截至 2017 年 12 月末，597 个落地示范项目中，共包括 333 个独家社会资本项目和 264 个联合体项目，参与示范项目规模达 1/3，民营企业的参与热情不断提高，PPP 模式市场参与度和活力得到进一步的提升。

　　（4）PPP 模式资产证券化的推进

　　① PPP 模式资产证券化的推进

　　2016 年 5 月 13 日，证监会发布《资产证券化监管问答（一）》，能够资产证券化的 PPP 项目范围得以界定：政府与社会资本合作（PPP）项目开展资产证券化，原则上须为纳入财政部 PPP 示范项目名单、国家发改委 PPP 推介项目库或财政部公布的 PPP 项目库的项目。PPP 项目现金流可来源于有明确依据的政府付费、使用者付费、政府补贴等。其中涉及的政府支出或补贴应当纳入年度预算、中期财政规划。

　　2016 年开始，我国陆续发布了《关于推进 PPP 项目资产证券化相关工作的通知》《关于推进传统基础设施领域 PPP 项目资产证券化业务的通知》等文件，开始在交易所层面正式落地实施 PPP 项目资产证券化，并于 2017 年 3 月受理了我国首单 PPP 资产证券化产品。首批示范项目主要集中在环保和公路交通项目上，如图 2.2.4 所示。

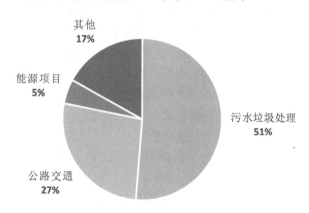

图 2.2.4　首批 PPP 资产证券化示范项目分布

资料来源：国家发改委。

2017 年，我国陆续发布了《国务院办公厅关于进一步激发民间有效投资活力促进经济持续健康发展的指导意见》《关于加快运用 PPP 模式盘活基础设施存量资产有关工作的通知》《关于深入推进农业领域政府和社会资本合作的实施意见》等文件，促进 PPP 项目吸引民间资本，提高民营企业融资能力，积极引导社会资本参与农业领域 PPP 项目。

在经历了两年的快速扩张后，PPP 市场进入了规范发展的新阶段。2017 年 11 月，我国陆续发布了《关于加强中央企业 PPP 业务风险管控的通知》《关于规范政府和社会资本合作综合信息平台项目库管理的通知》，对 PPP 项目总量、入库原则等进行了规定，加强对 PPP 市场的监管。

② PPP 资产证券化的特点

PPP 项目结合资产证券化，可以促进投资性现金流快速回流，显著改善社会资本周转效率，并促进社会资本退出机制的完善。对于投资者而言，这种方式可以加快资金回收速度，提高资本的流动性；同时，降低上市公司资产负债率，降低融资成本。在今后的发展过程中，PPP 的资产证券化必将成为 PPP 融资的重要方式，发展潜力巨大。

PPP 项目的资产证券化具有以下特点：从收益来看，一部分类固收，一部分类股权；具有稳定投资收益和良好社会效益的优质 PPP 项目，资质良好，风险较低；已发行的收费收益权资产证券化产品 5—10 年的期限难以满足 PPP 项目 10—30 年合作期需求，PPP 资产证券化产品期限更长。这些特点有助于解决 PPP 模式融资以及退出渠道不畅的难题，有助于降低融资成本、优化财务状况、丰富融资渠道和推出方式。

③ PPP 资产证券化存在的问题

我国 PPP 模式资产证券化仍处于初期阶段，在发展过程中面临一系列的问题和挑战，主要有以下三点：

第一，传统资产证券化期限与 PPP 项目期限不匹配。首先，资产证券化要求基础资产必须能够产生稳定持续的现金流，但是此要求只是对应 PPP 模式的运营阶段，在更需要资本融资的建设期并无现金流产生，难以开展资产证券化；其次，PPP 项目周期较长，现有的单个资产证券化产品期限无法完全覆盖项目全部周期。

第二，PPP 项目整体收益不高，对投资者吸引力有限。PPP 项目很多涉及长期收益较低的市政、环保等项目，而且近年来面临经济增速下行的压力，投资者难以青睐 PPP 资产证券化产品。

第三，PPP 资产证券化产品二级市场不健全，缺乏流动性。由于刚刚处于开展阶段，PPP 资产证券化产品市场体量较小，交易频率较低；同时投资者集中且产品互持严重，产品初期标准化程度较低，这都导致了 PPP 资产证券化市场的不健全。

2. 资产证券化

2.1 资产证券化及其理论

（1）资产证券化的定义

资产证券化是指通过设计一种以资产现金流为支持的金融工具或者权利凭证，将这些不流动的资产转换成可以在金融市场上出售和流通的证券。简而言之，就是将流动性较差的资产"包装"成证券进行出售，而这些证券的收益来自基础资产所产生的现金流，从而实现了发行证券与出售资产的结合。

（2）资产证券化的供求理论

① 信息不对称假说

资产证券化事实上是通过组建资产池和资产分层，将那些流动性较差的信息敏感型资产进行信息毁灭和风险分散，重新构造出高流动性的信息不敏感资产，从而提升市场的流动性。

② 监管套利假说

商业银行有时可能单纯地出于逃避金融监管的目的开展资产证券化。资产证券化将商业银行的一些金融资产转移到表外，使其能够在满足金融管理部门各项规定的同时，仍能最大化自身的可贷资金业务。

③ 风险重置假说

金融机构将风险资产证券化之后，分散了风险，为风险规避的投资者提供了投资工具，从而促进了投资，提高了社会福利。

④ 便利收益假说

　　资产证券化创造出的品质优良的标准资产，可以广泛用于担保交易和衍生品交易，能够满足金融交易对担保品的需求。

2.2　资产证券化在金融改革中的作用

（1）融资结构

　　资产证券化有助于我国形成直接融资与间接融资合理搭配的融资体系。通过这种发行证券的方式进行直接融资，可以提高市场上资金的流动性，提高资金的使用效率，为投资者提供更多的融资方式，有效促进投资。合理的融资结构有助于货币政策的高效率执行，同时直接融资比例的扩大可以充分发挥市场的调节作用，减少货币政策对经济体的冲击和影响。

（2）货币政策实施环境

　　资产证券化的推进直接丰富了我国金融市场的产品种类，有助于扩大我国金融市场的广度和深度，为货币政策的实施提供更多的操作空间。资产证券化的推进可以为我国货币政策的实施提供可行的工具以及良好、高效率的实施环境。

（3）宏观经济

　　由费雪方程式 $MV=PY$ [①] 可以分析出资产证券化的宏观经济效应。资产证券化提供的直接融资方式可以促进资本的流动，提高 V。在短期，在央行并未采取其他政策的前提下，可以看出资产证券化的直接结果就是使产出 Y 同比例增长，即资产证券化可以在短期内增加产出。

　　但是在长期，由于经济是以稳定的自然增长率增长的，Y 固定，而价格具有完全的弹性，流通中货币量 M 不变的前提下，V 的提高将会导致价格的同比例上升，因而会导致通货膨胀。

　　总结来看，资产证券化对于当前正在推动金融改革的我国有着重要的现实意义。一方面，资产证券化可以促进我国金融市场的成熟和完善，为我国的金融市场提供了全新的金融产品和融资工具，也为我国金融市场提出了更高的要求：更合理有效的监管，更多市场的自我调节，更完

---

　　① 其中，M 为货币供应量，V 为货币流通速度，P 为价格水平，Y 为产出。

善的金融基础设施以及更透明的信息披露制度。我国资产证券化的实施必将在客观上推动各项必要制度的建设。

另一方面，资产证券化本身有助于我国金融市场的稳定。从它产生的理论以及初衷来说，资产证券化就是通过一系列过程分散风险，将流动性较差的产品通过发行证券的方式出售。对于银行来说，可以解决其资产负债表期限结构不对称的问题，提高银行的资本充足率和流动性。那些期限很长的贷款可以通过包装证券的方式出售，成为高流动性的资产，从而大大降低商业银行的信用风险和流动性风险。

2.3　我国资产证券化的发展

我国的资产证券化发展可以划分为以下阶段。

阶段一：从 2004 年年底银监会颁布相关文件宣布我国施行试点，到次贷危机扩展成全球金融危机。这一阶段是我国资产证券化探索实施的阶段。我国资产证券化相对于其他发达国家起步较晚，在最初的几年，主要是相应的试点实验过程。此阶段的特点是资产证券化的规模较小，发行数量和种类有限。在此四年内，我国证券化产品的发行总额并没有明显增长。

阶段二：2009 年至 2012 年。此阶段是我国证券化实施的停滞阶段。受次贷危机的影响，资产证券化隐含的巨大风险在全球范围内被广泛熟知。随着我国经济增速的下滑和全球经济形势的日益严峻，我国中断了资产证券化的进程，不再发行新的产品，以防止我国出现类似美国的危机。

阶段三：2012 年 5 月至 2013 年年底。此阶段是中国重启资产证券化的阶段。2012 年 5 月，我国央行宣布重启资产证券化，并采取了一系列推动措施。在我国经济面临增长速度下滑趋势之时，发展资产证券化、推进我国金融改革已经成为重要举措。在此阶段，我国资产证券化再次起步，并充分考虑到了国外的教训和经验，资产支持证券的种类也更加多样化。

阶段四：2014 年至今。这是我国资产证券化发行产品增量飞速扩大的新时期。根据官方公布数据，近四年我国资产支持证券发行规模迅速扩大，发行总额是前9年的12倍。在我国当前大力推行金融改革的浪潮下，中国的资产证券化将会迎来新一轮的高速增长。

我们可以从我国资产证券化产品的发行规模、发行质量以及资产证券化产品的结构三个方面对其发展历程进行更直观的了解。

（1）我国资产证券化产品的发行规模

我国资产证券化主要发行的产品有三类——信贷ABS（信贷资产支持证券）①、企业ABS（企业资产支持证券）②和ABN（资产支持票据）③。另外，我国于2016年起开始发行项目资产支持计划证券，目前已发行1只保单质押贷款证券产品，规模为10亿元。

根据我国历年来资产证券化数据可以得到如图2.2.5所示统计图。

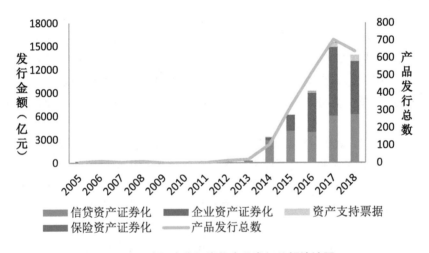

图2.2.5　我国资产证券化产品发行总额统计图

资料来源：Wind。

---

① 信贷ABS，是指将金融机构发放的贷款作为基础资产进行的资产证券化。

② 企业ABS，是指以财产权利、动产及不动产收益权，以及证监会认可的其他财产或财产权利作为基础资产进行的资产证券化。

③ ABN，是一种债务融资工具，以特定资产所产生的可预测现金流作为还款支持。

　　近几年,我国资产证券化产品发行数量以及金额迅速增长,2014—2017年四年间我国资产证券化产品合计发行逾 2.4 万亿元,是前面所有年份的 16 倍。在政策支持的有利环境下,预计今后几年我国资产证券化将迎来长时间的快速发展。

　　(2)我国资产证券化产品的发行质量

　　从我国资产证券化产品信用质量角度来看(参见图2.2.6和图2.2.7),当前我国资产证券化产品的信用等级总体水平较高。近两年,随着资产证券化的推进和政策约束的放宽,虽然许多不良资产也开始了证券化试点,但仍然是高信用等级的 AAA 级产品为主,而且信贷 ABS 的信用等级明显优于企业 ABS。

　　(3)我国资产证券化产品的结构

　　从产品结构看,发行的各类产品的基础资产不断丰富,种类更加多样,创新不断加强。从产品设计来看,由探索时期的单一有限种类已经衍生出像银行贷款 CLO(银行贷款担保支持债券)、应收账款 ABS 等多种产品。自 2016 年起,我国开始发行项目资产支持计划证券;2017 年,ABN 产品共发行 66 单,发行规模达 970.72 亿元,占发行总规模的 2.88%。

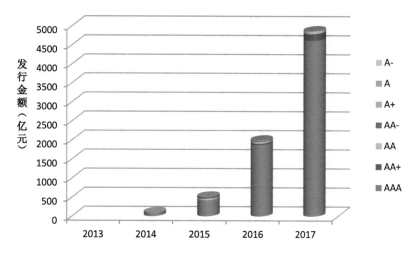

图 2.2.6　信贷 ABS 产品信用等级分布图

资料来源:Wind,中央结算公司。

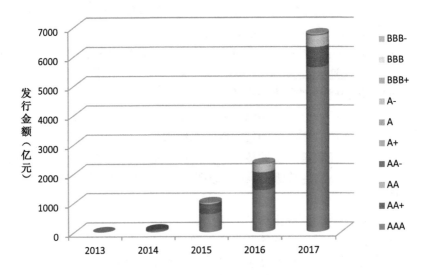

图 2.2.7　企业 ABS 产品信用等级分布图

资料来源：Wind，中央结算公司。

　　信贷 ABS 在 2015 年前始终占据所有产品中的最大比重，其次是企业 ABS，而 ABN 规模比重很小（2015 年 ABN 发行总量仅占总额的 1%）。而在 2015 年之后，企业 ABS 发行全面超过信贷 ABS，成为发行量最大的资产证券化产品种类，2017 年发行总量差距进一步加大，超出信贷 ABS 市场近 1700 亿元。

2.4　我国资产证券化主要类型

（1）信贷资产证券化

信贷资产证券化将金融机构发放的贷款作为基础资产，其发展动力来自信用货币存量盘活的需求。

　　过去商业银行往往通过影子银行业务代替信贷业务，为实体经济完成融资任务。随着中国宏观经济下行的压力日趋明显，商业银行所面临的违约压力持续提升，央行和银监会等监管机构也加强了对影子银行体系的监管和清理。信贷资产证券化能够在一定程度上提高商业银行的放贷能力，符合国务院提出的信用货币盘活存量的要求。

　　通过图 2.2.8 可以看出，自 2008 年以来，我国社会融资规模增量迅速增长，虽然最近几年增长速度放缓，但仍维持较高水平。而长期以来我国企业融资的主要渠道——银行贷款，由于受制于存款准备金率等监管要求，并未呈现出迅速增长的态势，商业银行放贷金额和社会融资额之间的缺口很大。这就需要信贷资产证券化的发展，积极盘活货币资本存量，提高企业融资的能力。

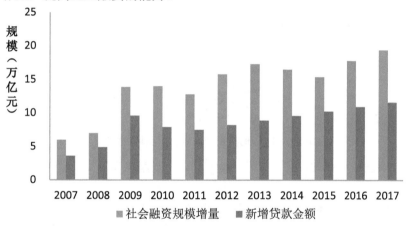

图 2.2.8　我国每年社会融资规模增量和新增贷款金额柱状图

资料来源：Wind。

　　信贷资产证券化可以降低银行筹资成本、扩大融资供给渠道。央行购买信贷资产证券化产品，在本质上等同于基础货币投放；商业银行间购买产品，对降低融资成本可以发挥优化结构、"削峰填谷"的作用，但资产仍存在于系统中，仍受到严格的监管制约；而私人部门购买产品则相当于直接融资方式，能够有效规避各种限制，实现"再杠杆"。

　　如图 2.2.9 所示，我国当前信贷资产发行产品存在银行间互持现象，约 77%的信贷资产证券化产品由商业银行互相持有，这虽然能够优化商业银行的资产结构，但是并不能达到预期的分担风险和创造"再杠杆"
融资的作用。

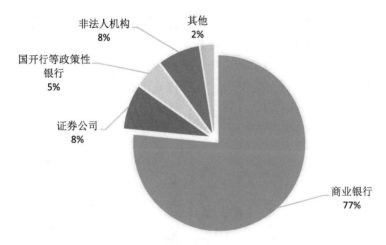

图 2.2.9　我国信贷资产证券化产品持有分布

资料来源：Wind。

　　此外，我国商业银行理财产品"软约束"成为信贷资产证券化的又
一阻碍。长期以来商业银行大力推广的所谓"保本付息"的理财产品使
得投资者尤其是居民对风险收益的预期不足，而相对来说，以"低风险、
低收益"为特点的信贷资产证券化产品就缺乏吸引力，如图 2.2.10 所示。
　　面对信贷资产证券化发展的桎梏，我国应加强对影子银行以及银行
理财产品的监管，推进理财风险化，避免"高息揽储非理性竞争"①。

---

　　① 国务院办公厅. 国务院办公厅关于多措并举着力缓解企业融资成本高问题的指导意见（国办
发〔2014〕39 号）. 中国政府网，2014-08.

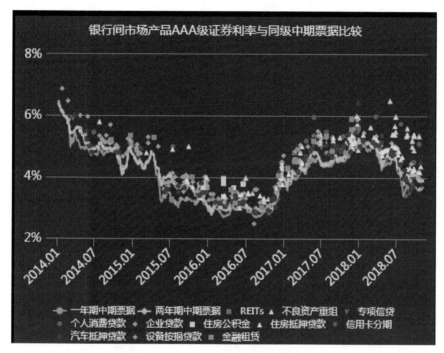

图 2.2.10　信贷资产证券化产品利率

资料来源：中国资产证券化分析网。

（2）企业资产证券化

企业资产证券化以财产权利、动产（不动产）收益权、证监会认可的其他财产（权）为基础资产。基础资产主要有以下几类：基础设施项目收益权、融资租赁权、企业合同债权、小额贷款、信托受益权、棚户区改造项目专项资产、委托贷款债权证券化项目、企业应收账款等。

我国企业资产证券化发展迅速，如图 2.2.11 所示，尤其是 2015 年以来，其发行量超过了信贷资产证券化，成为发行量最大的产品品种。

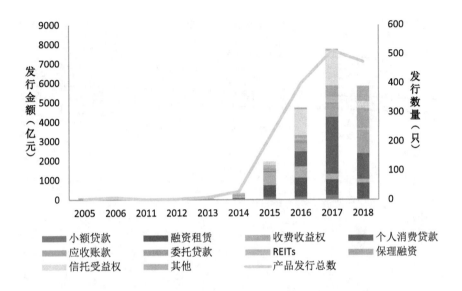

图 2.2.11   我国 2005—2018 年企业资产支持证券发行数量及金额

资料来源：中国资产证券化分析网。

企业资产证券化产品主要是以租赁租金、应收账款等为基础资产的产品，如图 2.2.12 所示。此外，需要提及的是，2016 年在上交所挂牌交易的 "14 益优 02" 出现首单违约事件。在今后企业资产证券化的发展过程中，应该加强对基础资产盈利能力和风险状况的评估，实时对其现金流进行分析、信用评估，以防止大规模违约事件的出现对我国金融秩序稳定造成负面影响。

（3）资产支持票据和保险资产证券化

资产支持票据指的是主要以应收账款和融资租赁债权等作为基础资产进行资产证券化的一种债务融资方式。相对而言，我国资产支持票据和项目资产支持计划证券规模仍然较小，处于起步阶段，如图 2.2.13 所示。2016 年 6 月，上海保险交易所成立，为保监系统 ABS 提供了交易平台，并于 11 月发行了第一单 "长江养老—太平洋寿险保单贷款资产支持计划" 产品，规模为 10 亿元；而 ABN 受 2017 年新规政策出台的影响，发行规模快速增长，市场热度不断提升。

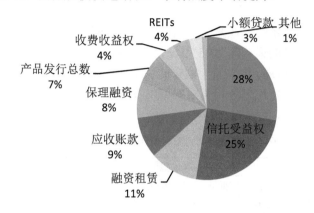

图 2.2.12   2017 年我国企业资产证券化发行组成

资料来源：Wind。

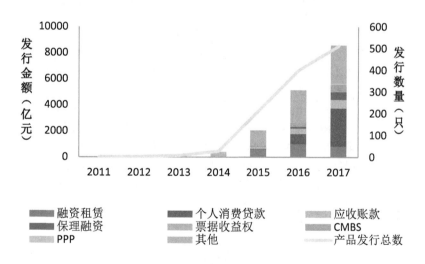

图 2.2.13   我国资产支持票据发行数量及金额

资料来源：笔者根据相关资料整理。

2.5   2017 年我国资产证券化

目前，我国金融体系的分业监管体制形成了三个资产证券化市场，即由银监会和央行监管的银行间 ABS 市场、由证监会监管的交易所报价系统和柜台系统 ABS 市场、由保监会监管的保交所 ABS 市场。由《2017资产证券化行业年度报告》以及相关数据可以看出我国当前资产证券化发展的最新动向和特征，如表 2.2.2 所示。

表 2.2.2   《2017 资产证券化行业年度报告》相关描述

层面	具体描述
市场发行	2017 年全年共发行资产证券化产品 637 单，总规模达到 14156.84 亿元，同比增长 72.04%，企业 ABS 增速明显，信贷 ABS 发行稳定，ABN 扩容提速，企业 ABS 发行规模继续超越信贷 ABS
参与机构	2017 年，共有 85 家机构作为管理人，发行金额达 5972.29 亿元，资产证券化市场发起机构、发行机构和各中介服务机构数量不断增长，投资群体更加多样化和专业化；同时，专业的第三方资产证券化服务上开始涌现
消费金融	2017 年我国发行个人消费贷款类 ABS 共计 209 单，发行规模达到 5771.1 亿元。个人消费贷款资产证券化实现爆发式增长。汽车抵押贷款及个人消费贷款 ABS 发行占比达 31%，已成为资产证券化市场的重要基础资产类型之一
商业地产	2017 年，中国 REITs 发展迎来重大突破，企业 ABS 市场中，已有 48 单类 REITs 及 CMBS 产品在上海/深圳证券交易所以及报价系统上市，累计发行规模 1310.80 亿元。住房租赁类项目开启破冰之旅
绿色金融	绿色资产证券化项目和"PPP+资产证券化"的发行市场取得阶段性成果，发行全国首单可持续发展资产支持专项计划、纯双绿色 ABN 产品、氧气绿色认证的 CMBS 产品

资料来源：笔者根据相关资料整理。

2.6   我国资产证券化存在的问题及风险

（1）我国资产证券化存在的问题

虽然发展迅速，但是与国外成熟的金融市场进行比较，我国资产证券化仍然存在很多问题。

① 市场分割不合理

长期以来，我国信贷 ABS 与企业 ABS 分属不同监管机构发行，如信贷 ABS 大多数在银行间市场挂牌，企业 ABS 在交易所市场挂牌，2016年上海保险交易所的成立为保监系统 ABS 提供了平台；但与此同时，也会面临市场分割问题，易产生监管体制和部门利益冲突。

② 参与机构仍有限，风险分散效果较弱

我国银行间市场发行的信贷 ABS 大多被银行机构互持，风险仍然存留在银行体系内，流动性较差，不利于分散投资风险。虽然近年来我国资产证券化市场层次不断多元发展、参与主体不断丰富，但是仍需要更加丰富多元的市场来进行风险分散和市场竞争。

③ 监管机制仍然相对缺乏

我国当前资产证券化的结构较为简单，近年来发生了多起因为监管不力而损害金融市场秩序的事件，都为我国金融市场埋下了风险隐患。目前，我国资产证券化产品发行不定期，流通市场缺乏流动性，政府干预色彩浓重，难以充分发挥市场的作用。而且，我国缺乏信息披露制度，信息不对称导致出现很多问题。信息的发布和准确性难以保证，容易滋生各种腐败和内幕交易。这些都损害了交易者的利益，不利于我国金融市场的发展。

（2）资产证券化风险

① 系统性风险

系统性风险主要指的是资产证券化对我国金融市场以及整体经济带来的风险，主要表现在以下几个方面：在资产证券化过程中，信息的不对称虽然掩盖了证券背后可能存在的潜在风险，然而一旦经济环境发生改变，小的冲击也会在极大程度上改变信息环境，引发大规模的危机；商业银行将资产证券化作为逃避金融监管的工具，使资产证券化违背了最初分散风险的初衷，反而在风险依然存在的情况下，使商业银行缺乏资本充足性，容易导致商业银行风险缓冲能力的不足；资产分层最大化了所谓安全资产的供给，导致尾部风险扩大；资产证券化中的期限错配和重复抵押将会损害金融体系的稳定。

② 操作风险

操作风险是资产证券化实际操作中可能面临的风险，主要源自两方面：一是产品定价风险。资产证券化产品定价机制的基础是对无风险利率和信用风险收益的准确评估，同时需要完善的定价模型与活跃的二级交易市场，而当前我国金融市场仍不完善。二是破产隔离风险。以"破产隔离"为基础的真实出售是资产证券化最本质的特征，需要充分的破产隔离保护机制，建立破产隔离特殊目的载体以及保护交易免受发起机构或卖方可能破产的影响。

③ 信用风险

信用风险主要是基础资产池的贷款客户违约或资产评级下降导致的风险。如果资产池里的借款人不能按时对资产池进行偿付，证券化的投资者将面临不能按约定获得投资收益的风险。

3. 政策建议

（1）合理审慎地推进利率市场化

历史上我国长期采用官定利率，利率管制措施虽然在一定程度上保护了金融市场免受冲击，但是它不能正确反映资本市场的资金供求情况，使金融市场难以充分发挥作用。

国外传统的"金融抑制理论"以及"金融深化理论"认为，利率管制会导致金融抑制，使得利率无法充分反映资金的供求，进而无法实现有效配置，导致金融机构和企业经济行为的扭曲。但国外也有很多利率市场化作用失效甚至对经济造成不利影响的案例，如日本的利率市场化改革加剧了国内大银行的垄断现象，在经济泡沫时期，银行大量的资金转投至股票和房地产市场，银行坏账大幅上升；阿根廷作为拉丁美洲最先实行利率市场化的国家，没有充分考虑改革可能会对经济产生的冲击，结果并没有像预期那样缓解国内高通胀的压力，反而增大了经济的波动性和脆弱性。

综合来看，PPP 模式以及资产证券化作为重要的融资方式，需要合理有效的利率以及成熟的资本市场运行体系来反映资本成本以及资产收益状况。金融抑制以及利率管制会在很大程度上影响 PPP 项目和资产证券化产品对投资者的吸引力。在此背景下，我国实行利率市场化非常必要；但是这一举措应该慎重实行，利率市场化需要充分竞争的资本市场和理性的资本市场参与者，应高度重视相关配套规则和经济体制的完善，防止盲目过快地推行。

（2）完善金融法律法规，健全监督机制

金融市场的健康稳定运行需要健全相关的法律法规和规章制度，而我国当前金融市场的法律法规还不健全。改革的推进必须重视金融市场的监管，我国近年来颁布了一系列的法律法规来加强金融市场的监管、引导金融市场参与者的经济活动，但是相对于成熟的金融市场仍然远远不够。许多金融机构和投资者往往会利用规则的漏洞和缺失逃避监管，谋求不法收益。我国在加强立法工作之时，应该考虑到法律法规的约束度要合理适度，太过严格的法律体系可能会约束金融市场的活跃度和参与度，而漏洞太多、过于宽松的法律体系则会滋生违规行为。

当前我国金融市场上的交易规模巨大，伴随着高风险，一旦出现金融危机，后果非常严重。我国当前的信用基础并不牢固，主要的监管机构和评级机构对经济行为的评估与监管仍然存在缺陷。前面已经分析过，资产证券化由于存在信息的不对称，加剧了金融体系的脆弱性，一旦这些不实信息暴露，会对整个市场产生巨大的冲击，甚至会引起金融危机。健全我国的金融市场监督机制需要长期不懈的努力。

（3）加快我国金融基础设施建设

我国金融市场发展时间较短，主要的金融基础设施还不完善。国外成熟的金融市场往往存在大量的金融服务机构和中介机构，它们之间的竞争关系促进了金融服务水平的整体进步和佣金手续费等的逐步下降，使得金融服务的成本不断降低，其效率也在不断提高。而当前我国的金融服务机构数量较少，市场往往被大机构垄断，缺乏竞争压力，而且它们拥有自主定价的权利，在一定程度上制约了我国金融交易的活跃性，并提高了交易成本。以资产证券化为例，虽然近年来随着资产证券化的推进，新设立了上海保险交易所且参与机构数量不断增加，但是相对于国外成熟的发达金融市场仍然不够，这些在机构之间大量互持资产证券化产品以及流动性不足等现象上有所体现。同样，PPP 资产证券化产品二级市场体量较小、交易频率较低，发展也受限。因此，在推进我国 PPP 模式以及资产证券化发展过程中，应注重金融基础设施以及金融市场的完善。

（4）慎重开展不良资产证券化，推进金融创新

当前我国应允许银行将一部分不良资产证券化，拓宽市场的广度和深度。但与此同时，也应注意到不良资产证券化对我国金融体系乃至整个宏观经济可能带来的巨大风险隐患。当前我国商业银行不良资产率较为严峻，在此背景下，资产证券化固然可以降低商业银行不良贷款率，但是盲目发展此类资产的资产证券化也会给我国经济带来巨大的不稳定因素。

国外高品质的资产支持证券在市场上有广泛的接受度，许多已经衍生成抵押品和担保品。我国在资产证券化的实践活动中应该大胆创新，在合规的前提下积极尝试扩充资产支持证券的种类。同时，上文已经提到，在 PPP 模式资产证券化过程中面临着传统资产证券化期限与 PPP 项目期限不匹配的问题。针对这一现状，我国应在充分进行信用评估以及风险度量的基础上进行金融创新，根据 PPP 模式资产证券化的特点需求进行金融创新，逐步创立与项目期限以及资本需求相匹配的资产证券化产品。

在当前"金融脱媒"的趋势下，商业银行传统的存贷款业务带来的收益已经在逐步减少，商业银行可以作为金融创新的试点平台，积极鼓励金融创新，拓宽业务范围。金融创新可以促进金融市场的成熟和发展，虽然可能会有曲折和失败，但这是我国金融市场的必经过程。

4. 总结与展望

回顾我国资产证券化的发展过程，我国经济由前所未有的高速发展到当前面临增速下滑、经济体制亟须转型的现状；在当前我国大力推进金融改革的背景下，资产证券化也由之前的缓慢试点转变为高速增长的态势。在接下来的几年中，我国的资产证券化将迎来更大的发展和实践。

长期以来，我国主要采取政府管制、信贷政策等措施来进行宏观调控。以商业银行为例，我国商业银行严重依赖政府的政策，政府相关部

门往往采取向商业银行注资等措施帮助商业银行消化、转移其不良资产，但这不利于其抗风险能力的提高。资产证券化则为我国分散风险提供了选择，商业银行可以通过将不良资产进行证券化来实现风险分散。同时，资产证券化盘活了商业银行的资本存量，改善了资本的流通和使用效率，提高了直接融资的比例，其重要意义不言而喻。

然而次贷危机的教训也在提醒我们金融创新产品对经济体影响的放大作用。当前金融市场的交易金额已经远超实体经济总额，其背后蕴含的风险也不言而喻。在开展资产证券化过程中，我国应当吸取国外的经验和教训，加强对金融资产风险评估和融资者信用的监管，防止出现重复证券化的现象。同时，应建立健全我国金融市场的法律法规，完善我国的金融基础设施并大力促进金融服务业的发展，建立信息披露制度，加强对投资者的教育，引导我国资产证券化健康发展。

展望未来，在当前金融改革的浪潮中，大力推进资产证券化、鼓励金融创新，有助于我国抓住这一经济转型的机遇，实现经济的新一轮快速增长。但金融改革是一个长期复杂的过程，需要我国长时间的尝试和努力。我国应当逐步完善金融法律法规和金融基础设施的建设，促进金融服务业的发展。

（三）区块链与央行数字货币

综观人类近代社会，每一次跳跃式发展都离不开技术的进步，而区块链则是近年来最受世界关注的一项新技术。与以往技术不同的是，区块链技术不属于基础科学，目前仍在发展之中。区块链技术自提出以来，就被认为将会改变现有产业基础，引领社会发展，通过构建一个更加可信的互联网系统，实现价值的无摩擦交换和转移，从而开启一个数字经济时代，改善当前低迷的经济环境。区块链技术的第一个应用，是此前风靡全球的比特币；而比特币给予世界的启示是，货币可以以数字形式存在、流通和交易，以区块链为技术基础。同时，随着计算机网络技术的迅速发展和互联网电子支付方式的普及，某些国家的央行认为货币具备了数字化的基础。2016 年 1 月 20 日，在中国人民银行召开的数字货币研讨会上，央行首次对外公开发行数字货币目标。那么什么是区块链技术？区块链技术的应用前景到底怎样？央行数字货币究竟何时会诞生呢？

1. 什么是区块链技术

1.1　区块链技术的起源

现代区块链技术起源于 2008 年化名为"中本聪"的学者发表的论文《比特币：一种点对点电子现金系统》。比特币也是区块链技术诞生之后的第一个应用。比特币本质上是由分布式网络系统生成的数字货币，其发行过程不依赖特定的中心化机构，而是依赖于分布式网络节点共同参与的一种被称为工作量证明（Proof of Work，PoW）的共识过程，以完成比特币交易的验证与记录。①

比特币的诞生意味着区块链技术的正式应用，但是区块链的思想则起源于图灵奖得主莱斯利·兰伯特 1982 年提出的拜占庭将军问题。问题的描述是：拜占庭帝国派 10 支军队围攻同一个敌人，10 支军队的将军需要统一一个进攻时间。但是 10 个将军中存在叛徒并且互相不信任，这个时候需要某种分布式协议来进行远程协调。如果每个将军都向其他将军派遣一名信使，那么每个将军会收到 9 条信息，但是 9 条信息可能包含不同的进攻时间。叛徒的存在使得这个系统充斥着不可靠的信息且十分混乱。问题的最后，数学家们设计了一套算法，让每一位将军在接到上一位将军的信息之后，加上自己的签名传递给下一位将军。这样的信息模块就形成了区块链。拜占庭将军问题延伸到互联网中，即在缺少可信任中央节点和通道的情况下，分布在网络中的各节点如何识别错误信息，达成共识。而拜占庭将军问题的解决方案，可以推广到任何核心问题是在分布式网络上缺乏信任的领域。

---

① 叶纯青. 央行筹备数字货币[J]. 金融科技时代, 2016(12): 82.

1.2　区块链的定义

区块链本质上是一个去中心化的共享总账。区块链的英文是Blockchain，我们可以把它分为两个部分来理解：一是区块（Block），即在分布式网络系统中，一段时间的数据交易信息都会被打包在一起，形成一个区块；二是链（Chain），即每一个新生成的区块都要连接到前一个区块，这样就形成一个链条。中国科学院袁勇教授认为，区块链的定义有狭义和广义之分。从狭义来讲，区块链是一种按照时间顺序将数据区块以链条的方式组合成特定数据结构，并以密码学方式保证的不可篡改和不可伪造的去中心化共享总账，能够安全存储简单的、有先后关系的、能在系统内验证的数据。从广义来讲，区块链则是指利用加密链式区块结构来验证与存储数据，利用分布式节点共识算法来生成和更新数据，利用自动化脚本①代码（智能合约）来编程和操作数据的一种全新的去中心化基础架构与分布式计算范式。②可以看出，区块链是计算机技术的一种新型应用模式，不属于基础科学技术。

1.3　区块链的发展现状

区块链诞生之后，首先是以比特币为中心，发展相应产业生态。2012—2015年，区块链逐渐进入公众视野，区块链经济扩展到金融领域。区块链底层技术不断创新，区块链技术的应用也不再局限于比特币。到2016年之后，行业应用探索出现，即出现了大量区块链创业公司。

各国政府对区块链也给予了高度关注。以我国政府为例，2016年10月18日，由工信部信软司和国标委指导，中国电子技术标准化研究院联合国内多家区块链研发骨干企业共同举办了"中国区块链技术和产业发展论坛"，同时发表了首个《中国区块链技术和应用发展白皮书》。同年12月27日，国务院印发的《"十三五"国家信息化规划》③中将区

---

① 脚本语言又被称为扩建的语言，或者动态语言，是一种编程语言，用来控制软件应用程序。脚本通常以文本（如 ASCII）保存，只在被调用时进行解释或编译。

② 袁勇，王飞跃. 区块链技术发展现状与展望[J]. 自动化学报，2016(04): 481—494.

③ 国务院."十三五"国家信息化规划. 中国政府网，2016-12.

块链列入国家信息化规划，并将其定为战略性前沿技术。

此外，截至目前，众多国家和全球性企业纷纷联合成立区块链联盟以及研究机构，致力于研究区块链技术以及在各领域的应用。影响较大的有 2015 年 9 月成立的 R3 区块链联盟，有全球 40 多家国际银行组织加盟其中，其研究的分布式账本技术 Corda 已经于 2016 年推出。而在中国，则先后成立了中关村区块链产业联盟、中国分布式总账基础协议联盟（China Ledger）、金融区块链联盟、中国区块链研究联盟以及陆家嘴区块链金融发展联盟等众多区块链合作机构。如表 2.3.1 所示。

表 2.3.1　世界主要区块链联盟一览表

联盟名称	主要成员	成立目标
R3 区块链联盟	富国银行、美国银行、花旗银行等 40 多家国际银行组织	致力于为银行提供探索区块链技术的渠道以及开发区块链概念性产品
超级账本（Hyperledger）	荷兰银行（ABN AMRO）、埃森哲（Accenture）等十几个不同利益体	让成员共同合作，共建开放平台，满足来自不同行业各种用户的需求，并简化业务流程
中关村区块链产业联盟	世纪互联公司、中国互联网络信息中心、中国移动研究院等 70 多家单位会员	解决在区块链技术发展中遇到的技术攻关、知识产权保护等问题，聚焦区块链技术的标准化及产业化，打造完整区块链产业链
中国分布式总账基础协议联盟（China Ledger 联盟）	中证机构间报价系统股份有限公司、中钞信用卡产业发展有限公司北京智能卡技术研究院、浙江股权交易中心等 11 家成员	致力于开发、研究分布式总账系统及其衍生技术，其基础代码将用于开源共享；聚焦区块链资产端应用，兼顾资金端探索；精选落地场景，开发针对性解决方案
金融区块链联盟（金链盟）	安信证券、京东金融、博时基金等 25 家发起成员以及华安财险、华为、腾讯等 6 家加盟成员	整合及协调金融区块链技术研究资源，探索、研发、实现适用于金融机构的金融联盟区块链，以及在此基础之上的应用

续表

联盟名称	主要成员	成立目标
俄罗斯区块链联盟	支付公司 QIWI、B&N 银行、汉特—曼西斯克银行、盛宝银行、莫斯科商业世界银行以及埃森哲咨询公司	发展区块链概念验证，进行合作研究和政策宣传，创建区块链技术的共同标准
中国区块链研究联盟	全球共享金融 100 人论坛理事单位	厘清区块链技术在现有监管模式与货币政策操作中的定位，打造区块链技术的市场应用平台，推动具体应用规则的规范化、标准化，进行项目落地与路演
区块链微金融产业联盟（微链盟）	中望金服、国嘉资本、布比、PDX 全息互信、富友集团、同盾科技、91 征信等 20 家金融服务机构和科技企业	通过区块链技术帮助微金融客户做好征信，在微金融领域做好支付，预计成果包括智能合约云可以在链或离链运行，实现结算、交易、资产登记、数据共享等合约执行
前海国际区块链联盟	iBlockchain、微软区块链战略合作伙伴 ConsenSys、IBM 区块链战略合作伙伴 Blackridge、太一云科技、BlockApps、IDG、500Startups 等	依托政府产业政策，建立区块链技术及其应用推广的集约高效生态环境，加快区块链技术成果产业化进程，促进区块链技术在我国社会经济建设各个领域的推广应用
陆家嘴区块链金融发展联盟	上海市互联网金融行业协会、上海金融业联合会和中国金融信息中心等 13 家机构	依托上海陆家嘴在金融行业的中心地位，聚焦区块链技术在银行、证券、保险、互联网金融等金融服务领域的应用延伸
银行间市场区块链技术研究组	中国外汇交易中心、上海黄金交易所、上海清算所等 19 家机构	致力于银行间市场区块链技术、监管及法律框架的前瞻性研究，同时寻求与 R3 等国际区块链联盟的合作

资料来源：笔者根据相关资料整理。

1.4　区块链的基础模型与核心技术

区块链技术不是一个单项的技术，而是综合了多方面研究成果的一个技术系统。区块链技术的基础架构模型如图 2.3.1 所示。一般来说，区块链系统由数据层、网络层、共识层以及合约层组成。在此基础上添加经济激励层，即形成比特币完整的区块链系统。数据层封装了数据区块以及相关的数据加密和时间戳等技术；网络层则包括分布式组网机制、数据传播机制和数据验证机制等；共识层主要封装网络节点的各类共识算法；合约层主要封装各类脚本、算法和智能合约，这也为区块链的可编程特性提供了基础。该模型中，基于时间戳 的链式区块结构、分布式节点的共识机制和灵活可编程的智能合约是区块链技术最具代表性的创新点。

图 2.3.1　区块链基础架构模型

资料来源：袁勇，王飞跃. 区块链技术发展现状与展望[J]. 自动化学报,2016(04): 481—494.

（1）数据层

狭义的区块链是指去中心化系统各节点共享的数据账本。每个分布式节点都可以通过特定的哈希算法①和 Merkle 树②数据结构，将一段时间内接收到的交易数据和代码封装到一个带有时间戳的数据区块中，并链接到当前最长的主区块链上，形成最新的区块链。

首先，一段时间内的交易数据会通过 Merkle 树的哈希过程快速收纳并验证区块数据的存在性和完整性，最终得到一个 Merkle 根（根哈希值）；其次，各个节点贡献算力以寻找当前区块共识过程的解随机数，最先找到正确解随机数的节点（矿工）获得当前区块的记账权，然后基于密码学原理生成当前区块的哈希函数（即得到了目标哈希），加盖时间戳表明区块的写入时间后，即可链接到前一区块上，形成最新的区块链。时间戳技术本身并不复杂，但其在区块链技术中的应用是具有重要意义的创新。时间戳可以作为区块数据的存在性证明，有助于形成不可篡改和不可伪造的区块链数据库。更为重要的是，时间戳为未来基于区块链的互联网和大数据增加了时间维度，使得通过区块数据和时间戳来重现历史成为可能。此外，封装的交易采取的是非对称加密技术，也就是在加密和解密过程中使用两个非对称的密码，首先是用其中一个密钥（公钥或私钥）加密信息后，只有另一个对应的密钥才能解开；其次是公钥可向其他人公开，私钥则保密，其他人无法通过该公钥推算出相应的私钥。

（2）网络层

网络层封装了区块链系统的组网方式、消息传播协议和数据验证机制等要素。区块链系统的节点一般具有分布式、自治性、开放可自由进

---

① 哈希算法是指可以将任意长度的二进制值映射为较短的固定长度的二进制值，这个小的二进制值称为哈希值。

② Merkle 树是为了解决多重一次签名中的认证问题而产生的，Merkle 可信树结构具有一次签名大量认证的优点，在认证方面具有显著的优势。

出等特性，因而一般采用对等式网络（Peer-to-Peer Network，P2P 网络）[①]来组织，所有交易信息和区块记账权基于 P2P 网络进行数据传播和数据验证。每个节点将新生成的交易数据向全网所有节点进行广播，然后等待某一个节点竞争得到区块记账权后再次向全网广播，同时其他节点按照预定义标准来校验该区块是否包含足够工作量证明，时间戳是否有效等。如确认有效，其他矿工节点会将该区块链接到主区块链上，并开始竞争下一个新区块。

（3）共识层

P2P 网络是一个去中心化的网络，如何在分布式系统中高效地达成共识是一个重要问题。在支付宝的支付交易中自然是由阿里巴巴平台对交易信息和数据进行管理，但是比特币的交易如何让全网相信并且承认呢？由于区块链是去中心化的，所以更像是社会系统中的"民主社会"。如何高效地针对区块数据的有效性达成共识，决定由谁获得新区块的记账权，是区块链技术必须解决的问题，而这也是区块链的核心技术之一。到目前为止，区块链的共识机制主要有工作量证明（Proof of Work，PoW）机制、权益证明（Proof of Stake，PoS）共识和授权股份证明机制（Delegated Proof of Stake，DPoS）。PoW 共识是比特币采取的共识机制，其关键在于由各节点贡献算力来竞争求解一个 SHA256[②]数学难题，最快解决该难题的节点可以获得最新区块的记账权。

（4）合约层

合约层封装区块链系统的各类脚本代码、算法以及由此生成的更为复杂的智能合约。这也是区块链可编程特点的来源。前面我们已经介绍了数据、网络和共识三个层次，它们分别承担数据表示、数据传播和数据验证功能。在此基础上，我们依据一定的需求，就可以在区块链中编写代码以制造智能合约。智能合约一经定义，外界无法干预，只有触发了某一条件后才可以执行。自动售卖机是生活中类似智能合约的例子，

---

① 对等式网络，即对等计算机网络，是一种在对等者（Peer）之间分配任务和工作负载的分布式应用架构，是对等计算模型在应用层形成的一种组网或网络形式。

② SHA256 算法是指大小为 256 位的哈希值。

机器永远按照一定的程序执行，当你输入 5 块钱并选择"脉动"时不会给你"冰红茶"。实际上，任何商业逻辑和算法都可以利用脚本语言添加进区块链，以实现对宏观金融以及社会系统的任何功能的编写应用。

1.5　区块链技术的特点

由以上区块链的基础模型和核心技术，可以看出，区块链具有去中心化、匿名性、时序数据、集体维护、可编程和安全可信等特点。

（1）去中心化

区块链最关键的特点就是去中心化，这也是为什么区块链被认为具有颠覆现有社会架构能力的原因。在现有社会架构下，存在数不胜数的中心化机构，任何类型的数据和交易的存储与认证都需要由一个中心化机构来完成。但是区块链数据的验证、记账、存储、维护和传输等过程均基于分布式系统结构，即扁平化的拓扑结构①网络，信息和交易数据直接在节点之间传播，数据可以存储在每一个节点，例如，每一个加入网络的节点都可以同步储存比特币诞生以来的 60G 区块链数据。同时，节点之间数据交换通过数字签名②技术进行验证，无须互相信任，只要按照系统既定的规则进行，节点之间不能也无法欺骗其他节点。可以这样认为，去中心即去信任，而去信任即最高信任。

（2）匿名性

区块链的第二个特点是匿名性。在以往的网络中，我们往往需要实名认证，在交易过程中运用交易双方或者第三方担保进行信用背书。在区块链体系下，节点之间的数据交换通过数字签名技术进行验证。数字签名技术是非对称加密应用的场景之一，一般的流程是：A 利用自己的私钥将信息加密，然后发送给 B，B 通过 A 的公钥对信息解密，确定信息是否由 A 发出。因此，在交易过程中不需要公开身份，也无须相互信任，每个系统中的参与节点都是匿名的。参与交易的双方通过地址传递

---

① 拓扑结构是指网络中各个站点相互连接的形式，在局域网中明确讲就是文件服务器、工作站和电缆等的连接形式。

② 数字签名（又称公钥数字签名、电子签章）是一种使用公钥加密领域技术以鉴别数字信息的方法。一套数字签名通常定义两种互补的运算，一个用于签名，另一个用于验证。

信息，即便获取了全部的区块信息也无法知道交易双方的身份。

（3）时序数据

区块链采用带有时间戳的链式区块结构存储数据，即要求每一个获得记账权的节点要在其记账的区块上盖上时间戳，从而可以知道每一个新的区块连接上区块链的时间，为数据增加了时间维度，具有极强的可验证性和可追溯性。这就使得区块链技术能够应用于时间敏感场景，比如知识产权注册、学术论文发表以及公证等。

（4）集体维护

首先，一段时间的新交易数据会广播至全网以验证真实性；其次，区块链采用共识机制来保证分布式系统中所有节点均可参与数据区块的验证过程（如比特币的"挖矿"① 过程），并争夺新区块的记账权；最后，新区块也必须得到全网的认可才可以连接上主链。所以，区块链的整个形成和发展过程都是集体维护的结果。

（5）可编程

比特币的转账设计采用如下方式：发送方 A 在转账 1 个比特币给接收方 B 时，向全网广播，称其能提供一段脚本，这段脚本可以作为钥匙打开这 1 个比特币上的"锁"，同时 A 需要根据 B 的要求为这 1 个比特币加一把新的"锁"。然后比特币网络的各节点收到广播，运行脚本验证能否"开锁"，如果确实能开，则根据 A 的指令为这 1 个比特币换上只有 B 能打开的新"锁"②。

以上这个过程看似比我们平时的转账要繁杂得多，但正是因为嵌入脚本的设计，才使区块链具备了可编程的特点。脚本其实就是一种比较简单的计算机语言，但是脚本的编写内容可以非常灵活，这就为智能合约提供了应用潜力。实际上，比特币等加密数字货币多采用的是非图灵完备的脚本语言，而以太坊（Ethereum）③平台目前已经能提供图灵完备的脚本语言④以供用户来构建智能合约。

---

① "挖矿"是指比特币网络中的节点通过竞争记账权而获得奖励的一种行为。

② 梅兰妮·斯万.区块链:新经济蓝图及导读[M].新星出版社，2016.

③ 以太坊是一个平台和一种编程语言，使开发人员能够建立和发布下一代分布式应用。

④ 一切可计算的问题都能计算，这样的虚拟机或者编程语言就叫图灵完备的脚本语言。

（6）安全可信

区块链技术采用非对称密码学原理对数据进行加密，同时借助分布式系统各节点的工作量证明等共识算法形成的强大算力来抵御外部攻击，保证区块链数据不可篡改和不可伪造，因而具有较高的安全性。单个甚至多个节点对数据库的修改无法影响到其他节点的数据库，除非能控制整个网络 51% 的节点同时修改。

1.6　区块链在传统金融领域的应用

首先，区块链技术是具有普适性的底层技术框架，可以为金融、经济、科技甚至政治等各领域带来深刻变革。主流观点认为，区块链的发展分为 3 个层次，区块链 1.0、区块链 2.0 和区块链 3.0。区块链 1.0 是指可编程数字加密货币体系，区块链 2.0 是指可编程金融系统，区块链 3.0 是指可编程社会系统。一般来讲，以上 3 个层次之间在技术上的可发展性应该是平行关系；但是从发展时间上看，三者之间是有差别的，区块链 1.0 已经有了具体应用，而区块链 2.0 是当下世界各国和各机构最迫切想要发展的，在前两者的发展过程中重新定义一些新的社会概念（比如货币、信任、经济、价值等）后，区块链 3.0 体系的应用便会自然而然地大面积铺开。在不同类型的资产交易中，金融资产的交易是最有赖于中心化机构的，而基于去中心化交易账本功能，所有不同类型的资产和合约的注册、确认和转移都可以在区块链中完成。其次，从技术上看，区块链还具有高可靠性、简化流程、交易可追溯、节约成本、减少错误以及改善数据质量等特质，非常适合用于金融领域。

（1）应用场景 1：支付领域

在传统的支付方式中，除了现金在人与人之间的直接流通之外，都有赖于中心化机构的处理。而在处理过程中，金融机构之间的对账、清算和结算以及解决争议的成本较高，也会涉及很多手工流程，而这些成本都会被转移到用户端。在区块链 1.0 中，加密数字货币向我们演示了去中心化的支付方式，这种支付方式有利于降低以上成本。目前的小额跨境支付不仅效率低下而且手续费高昂，如果运用区块链技术，金融机构能够处理以往因成本因素被视为不现实的小额跨境支付，有助于普惠金融的实现。

（2）应用场景 2：资产数字化

货币不是资产，是资产的一般等价物。依据区块链去中心化的交易账本功能，各类其他资产（如股权、债券、票据、收益凭证、仓单等）都可以像货币一样被整合进入区块链中，形成数字化资产，这样也就实现了资产交易的去中心化。

数字化资产又称智能资产，其核心思想是控制所有权。和比特币一样，数字化资产的所有权归属于控制私钥的人，然后在交易的过程中，可以添加不同的智能合约以满足交易需要。例如，一个股权卖出者可以建立这样一个合约，一旦有买方愿意匹配他的报价并将款项付清，则自动将股权的所有权转移到买入者的名下。此外，金融资产的发行也可以直接数字化，用智能合约表达证券等金融资产的逻辑，从而直接成为数字化资产。资产的数字化发行也可以根据需要，灵活采用保密或公开的方式进行。

（3）应用场景 3：P2P 借贷

现有的 P2P 借贷模式，虽然名义上叫 Peer-to-Peer，但实际上依然需要中心网络平台的维护；而且面临很高的信用违约风险，不仅有人与人之间的相互信任问题，还有对网络平台的信任问题。而数字资产和智能合约的发展，以及区块链本身的去中心、去信任的特点，使陌生人之间安全借贷成为可能。例如，一个人可以建立智能合约，以自己的数字资产为抵押，向他人借贷，一旦超过还款期限，合约自动执行，将抵押资产所有权转移到债权人名下。智能合约本身的自动执行不会带来普通合约的争议问题，也减少了很多诉讼成本。

（4）应用场景 4：客户识别

在金融领域，由于监管要求，金融机构在提供服务时必须履行客户识别（KYC）责任。所以每个人可能都有这样一种感受，每开通一个服务就需要登记信息，包括出生年月、身份证号，这就使得金融机构无法高效地开展工作。同时，不同机构间的用户数据也难以实现高效交互，中介机构管理的信息还有泄露的可能性，导致侵犯隐私权等违法行为。实际上，区块链对此能够提供完美的解决方案。和数字化资产逻辑一样，可以数字化身份信息，并且可以实现数字化身份信息的安全、可靠管理，以及解决快速识别问题和降低成本。

1.7　区块链技术的应用方向：Token

Token 可译为"通证"，最初来源于以太坊及其订立的 ERC20 标准。通证包含数字权益证明、加密和可流通三个要素，意味着以数字形式存在的权益凭证在密码学的保护下能够在一个随时可被验证的网络中流通。区块链为通证提供密码学保护、交易和流转的基础设施，同时通过智能合约赋予通证内在价值和动态用途。

通证经济即充分利用通证的经济。从供给端来看，通证的供给可以实现高度市场化和自由化，任何个体均可以在区块链上发行随时可验证的权益证明，并保证可靠性和安全性；从交易机制来看，区块链上的通证高速流转，价格能够得到迅速确定。

根据通证的使用情况，未来区块链技术的应用可分为以下几类[①]：

（1）无币区块链。代表性案例是中国人民银行数字货币研究所的湾区贸易金融区块链平台和基于区块链技术的资产证券化信息披露平台，主要是区块链公共共享账本功能的应用，不涉及产权和风险，优点是提高劳动分工协作效率，但面临着区块链外信息在写入区块链时的准确性问题。

（2）非公开发行交易的通证。代表性案例是数字票据交易平台设计方案，通证发挥了代表区块链外资产或权利的作用，可以有效改进区块链外资产或权利的登记、交易流程，但区块链技术本身以及通证无法对链外环境产生影响，需要完善的法律制度来保证通证超越区块链本身的内涵。

（3）以通证作为计价单位或标的资产。代表性案例有比特币期货、比特币 ETF、稳定币。对区块链外法律制度依赖性较高，其价格波动性较大，通证内在价值与基本面相关性不大。

（4）用区块链构建分布式自治组织。受制于公有链物理性能不高、

---

① 中国人民银行工作论文. 区块链能做什么、不能做什么.中国人民银行官方网站. 2018-11-06.

智能合约功能短板、通证价格波动性大和加密经济模型设计不合理，发展缓慢。

1.8　区块链技术现存问题

（1）安全问题

尽管前面讲到，区块链技术具有安全可信的特点，但是安全威胁依然是区块链面临的最大的问题。比如，基于 PoW 共识过程的区块链面临的是 51%的攻击问题，即节点通过掌握 51%的算力就有能力成功篡改和伪造区块链的数据。针对公有链而言，分布式网络节点数量越多就越安全，但是对于那些有保留部分中心化要求的应用场景，51%的攻击问题则不可忽视。

此外，区块链的非对称加密机制也将随着数学、密码学和计算技术的发展而变得越来越脆弱。保留每个区块信息的哈希函数采取的是双 SHA256 算法，理论上具有 2^{256} 个散列空间，抗碰撞性（产生两个相同哈希值）非常强。据估计，以天河二号计算机的算力来说，产生比特币 SHA256 哈希算法的一个哈希碰撞大约需要 2^{48} 年。但是 2017 年 5 月，我国中科大研究团队宣布成功构建光量子计算机，可见未来非对称加密算法具有一定的破解可能性，这也是区块链技术面临的潜在安全威胁。

区块链的隐私保护也存在安全性风险。区块链的匿名性指的是用户身份匿名，但是数据传输时会通过地址标识。在区块链上交易数据对全网公开的情况下，用户可以通过身份甄别技术以及一定的追踪技术，实现对某个节点的使用者身份的识别。

（2）效率问题

效率是制约区块链发展的重要因素。首先是区块链的交易处理效率。有分析师称，2016 年比特币区块链每秒仅能处理约 7 笔交易，而且这个速度会随着交易规模的扩大而继续受限。不管怎样，这个速度远远不能满足在大多数交易支付场景的应用，与纳斯达克百万级别的交易处理速度无法相提并论。虽然目前有一些机构宣布其利用区块链每秒可处理上万笔交易，但权威性还有待检验。其次是交易的确认速率。比特币一个区块的平均生成时间约 10 分钟，所以交易的确认时间平均也是 10

分钟，这个速率远远弱于目前支付宝等平台的即时确认能力。

（3）资源问题

"挖矿"过程是众多计算机终端竞争的一个过程，而最终得到记账权的只有一个节点，因此其他节点的算力资源都被浪费掉了，伴随的还有电力资源。据早期估计，比特币区块链每天约浪费1500万美元。在比特币逐渐普及之后，"矿工"们甚至在"挖矿"设备上开始采取军备竞赛，投入大量资本和专业"挖矿"设备，很大程度上这些投入也被浪费掉了。

（4）智能合约功能短板问题

智能合约是以数字形式定义的承诺，是区块链技术的特性之一。基于区块链技术的智能合约具备成本效率方面的优势，同时区块链保障了存储、读取、执行过程的透明性。智能合约包括事务处理和保存机制，信息传入智能合约后，合约中的资源状态会被更新，进而触发智能合约进行状态机判断，如果触发条件满足，状态机根据预设信息自动执行。

智能合约本身存在一定的问题，影响了区块链分布式自治组织、区块链治理功能等分支的发展：其一，触发条件信息可能来源于链外，因此需提前写入区块链内，但目前没有合适的去中心化语言及方案；其二，智能合约难以保证链内债务履约，无法在保证资源合理配置的前提下解决信用风险问题；其三，智能合约难以处理不完全契约，人有限理性的特性意味着契约不完全性的特点，计算机协议的程序化很难解决不完全契约。

1.9　区块链未来发展展望

区块链技术的创新对于当代社会的结构形式具有颠覆能力，但是从目前看来，这项技术还在发展之中，由于技术上存在的问题以及在应用场景中面临的具体问题使得其暂时还得不到大面积应用。此外，一直以来区块链技术中存在"不可能三角"（又称"三元悖论"，是指区块链无法同时兼顾扩展性、安全性、去中心这三项要求，至多三者取其二）的技术瓶颈，严重阻碍了区块链技术发挥其潜能，但2018年9月，图灵奖得主、美国麻省理工学院教授希尔维奥·米卡利（Silvio Micali）宣布其提出的新项目Algorand极可能破解这一问题。

一方面，现有新兴技术并不会因为区块链的出现而失去发展前景，它们之间也并非对立的关系；相反，区块链技术只有有效融合现有技术才能得到快速的发展。比如，为了解决区块链的数据存储和效率以及安全问题，有必要结合当今的云计算以及大数据等技术。区块链是一种不可篡改的、全历史的数据库存储技术，巨大的区块数据集合包含着每一笔交易的全部历史。随着区块链应用的迅速发展，数据规模会越来越大，不同业务场景区块链的数据融合进一步扩大了数据规模。区块链提供的是账本的完整性，数据统计分析的能力较弱。大数据具备海量数据存储技术和灵活高效的分析技术，可以极大提升区块链数据的价值和使用空间。无论通过区块链技术设计怎样的应用系统，保证交易安全性和避免人为利用缺陷进行攻击是应用区块链技术的前提。区块链是通过安全密码来进行验证以确保信息真伪的，密码的安全是需要底层系统安全作为保障的。目前我国正在推动可信计算 3.0，这是一种云计算和防护并存的新计算模式，为未来区块链技术实现高度安全性奠定了基础。区块链技术的开发、研究与测试工作涉及多个系统，时间与资金成本等问题将阻碍区块链技术的突破，基于区块链技术的软件开发依然是一个高门槛的工作。云计算服务具有资源弹性伸缩、调整快速、成本低、可靠性高的特质，能够帮助中小企业快速低成本地进行区块链开发部署。两项技术融合，将加速推进区块链技术成熟，推动区块链从金融业向更多领域拓展。

另一方面，未来区块链技术在金融领域的应用须充分考虑行业实际情况及技术本身的功能缺陷，在享受技术创新红利的同时也要规避风险。其一，从本质上来讲，以区块链为技术支撑的加密货币供给缺乏内在价值支撑和主权信用担保，其最终的发展方向不可能取代法定货币。其二，去中心化是区块链的核心特征，但在具体发展过程中，完全的去中心化是不可能的，可信任的中心化机构仍然是某些区块链项目可持续发展的前提。

因此，为促进区块链技术快速发展、保证区块链项目的社会效益，一方面要靠技术本身的不断突破和完善，另一方面应推动有关部门加强监管，完善相关法律法规。

2. 数字货币

目前区块链技术最常见的应用就是加密货币，根据 CoinMarketcap 的数据统计，截止到 2018 年 11 月 7 日，全球拥有 2090 种加密数字货币以及 15678 个加密货币交易所。数字货币的用途可由规则定义，比如在比特币系统内可作为矿工的交易手续费，在以太坊可作为运行智能合约的燃料费等。数字货币有很多类似货币的特征：没有负债属性、可拆分、可转让等。但数字货币也存在一定的问题：其一，数字货币波动性较大的价格特征导致投机和价格操纵行为严重；其二，数字货币匿名性和全球性的特性，导致加密货币洗钱等违法行为的监管难度加大。

2.1 比特币

数字货币中最为人们熟知和规模最大的就是比特币（目前市场份额占比仍然超过 50%）。目前比特币供应量（即已经挖出的比特币数量）超过 2100 万枚。截止到 2018 年 11 月 7 日，每枚比特币的价格为 6522.63 美元，总市值 1132.58 亿美元，2018 年上半年比特币市值缩水接近 50%。

比特币本质上是由分布式网络系统生成的数字货币，是基于区块链的共识机制，奖励给贡献算力并获得记账权的网络节点（矿工）。在比特币诞生之后，又可用于交易，每一次比特币交易都会经过 Merkle 树哈希过程处理封装进入新区块，然后经过全体矿工验证后记入区块链，同时可以附带具有一定灵活性的脚本代码（智能合约）以实现可编程的自动化货币流通。所以，比特币是一个自洽的系统，由分布式网络节点（即接入网络的计算机）贡献算力争夺一段时间比特币交易信息的记账权，系统会给予比特币作为奖励，而新生成的比特币又会进入流通。

2.2 数字货币的完善——稳定币

数字货币波动性大的特点吸引了大量投资者，但数字货币无法创造价值的本质意味着其价格波动毫无意义，不同于传统金融资产收益率的涨跌，数字货币价格的波动与宏观经济运行没有显著关系。为保障区块链技术优势的充分发挥，具有稳定价值的加密数字货币——稳定币逐渐发展起来。目前稳定币主要包括三种，如表 2.3.2 所示。

表2.3.2　稳定币一览表

类型	代表	特点	优势	不足
法定货币抵押的稳定币	USDT、TrueUSD	通过抵押法定货币或其他资产来获得价值	设计简单、币值稳定、技术安全	本质上并未实现中心化；结算成本高、政策风险大；透明度与监管难度大；流动性差；不易实现规模化
加密货币抵押的稳定币	BitCNY、DAI	通过抵押数字资产来获得价值	透明性高、流动性强	机制复杂，对合约要求高；存在抵押物价值超过稳定币价值的风险
无抵押/算法式的稳定币	Basis、Fragment	没有其他资产作支撑，算法自动根据稳定币总需求的增减，去扩张或紧缩稳定币的供给以保持稳定的价格	无须担保，自由度高；可应对需求突增	需求长期下降对系统整体安全性的影响；机制不成熟；难以抵御投机性攻击

资料来源：笔者根据相关资料整理。

加密货币缺乏内在价值支撑和主权信用担保的本质特征意味着稳定币不可能完全取代法币，但随着技术的提高和监管的完善，加密货币将很好地补充法币在跨境支付、利基市场和缺乏金融基础设施地区的支付与信用功能。

3. 法定数字货币：央行数字货币

区块链技术的问世以及比特币的成功，使数字货币成为世界货币发展的下一个方向。央行数字货币是指由央行发行、代表国家信用、中心化、可控匿名、加密的数字化法币。数字货币归属 M_0[①]范畴，发行不需要和纸币一一对应，但可在一定程度上替代纸币的部分功能。2018 年 10 月 30 日，委内瑞拉经济部宣布"石油币"开放购买，接受法定货币和虚拟货币付款，全球首个国家数字货币发售。我国是最早进行数字货币筹备的国家之一，2016 年 1 月 20 日中国人民银行召开数字货币研讨会，提出争取早日推出央行数字货币的目标；而后我国政府及央行于 2016 年 7 月启动了数字货币专项课题，并于 2016 年 11 月公开发布专业人员招募信息；而在 2017 年 1 月 25 日，我国基于区块链的数字票据交易平台宣布测试成功，同时由央行发行的法定数字货币已在该平台试运行。由此可见，国内对于数字货币的期待非常高，贵州省甚至主动向国家申请建立数字货币应用试点。因此，部分机构认为我国央行数字货币有望加速落地，但是目前依然面临技术风险和安全问题，笔者认为数字货币的发行还需要一段准备时间。

3.1　央行发行数字货币的意义

在货币发展历史上，货币的发展经历了实物货币、贵金属货币、信用货币（纸币）等阶段，现在的货币制度也属于信用本位制。实际上，央行数字货币并没有解决信用本位制存在的根本问题，比如微观主体对信用货币缺乏信任以及缺乏国际协调机制问题。但是，从政府管理以及经济运行角度，数字货币的发行具有重要的意义。

（1）数字货币相对于纸币的优点

首先，纸币在发行过程和流通中的损耗都会带来印刷成本，而数字货币可以大大提高便利性，节约资源。其次，纸币存在造假问题，假币的流通可能会导致通货膨胀以及损害部分人的利益，而数字化货币基于其安全性，具有不可伪造的特点。

（2）协助政府管理违法行为

货币应该在提供便利性和安全性、保护隐私与维护社会秩序、打击

---

① M0=流通中现金，是指银行体系以外各个单位的库存现金和居民手持现金之和。

违法犯罪行为之间做到平衡，尤其针对洗钱、恐怖主义等犯罪行为要保留必要的遏制手段。基于区块链技术赋予数据的时间维度，央行可通过私有链追溯数字货币流通路径，可以有效地追查违法犯罪行为，降低反洗钱成本，同时协助政府开展反腐工作。

（3）管理经济运行

基于区块链技术、大数据技术及密码算法等可以保证货币的安全流通，同时央行作为数字货币的造币者和发行者，可以充分利用脱敏数据，运用大数据及时分析掌握货币的发行、流通和存储等情况，从而为货币政策的制定和维护金融稳定提供有利的信息与指导性意见。

3.2　央行数字货币基本构想

央行数字货币的底层技术依然是区块链，但是由于央行数字货币必须保留央行的发行权力，所以不可能像比特币一样完全去中心化。同时，作为国家货币，其流动性必须得到充分保障，然而比特币面临每秒仅能处理 7 笔交易的效率问题，所以，央行数字货币不能基于公有区块链，而只能基于私有链或者联盟链。

从应用推广看，目前我国数字货币首先是在封闭市场试行成功后（如票据），再逐步推广至货币领域。从运行框架看，央行副行长范一飞曾表示，运行框架倾向于"中央银行—商业银行"二元模式，即中央银行负责数字货币的发行、验证与监测，商业银行从中央银行申请到数字货币后，直接面向社会，负责提供数字货币流通服务与应用生态体系构建服务。同时从数字货币体系看，央行法定数字货币系统的核心要素可以概括为"一币、两库、三中心"："一币"指的是数字货币；"两库"指的是数字货币发行库和数字货币登记库；"三中心"指的是认证中心、登记中心和大数据分析中心。

数字货币的发行不仅仅是央行的事，而应该是和社会企业一同搭建一个完整的生态系统。类比纸币的二元体系，技术类公司在数字货币体系中具有重要作用：面向央行和商业银行需要提供稳定、安全、可靠的私有云①系统，作为数字货币发行库和数字货币登记库；面向银行客户需要提供数字货币基础设施；面向客户端用户需要搭建丰富多元的数字货币支付场景。截至 2018 年上半年，央行申报的区块链技术相关专利已达 81 项，逐步解决了区块链底层技术、数字货币发行与流通、数字货币交易与支付、数字货币钱包及数字货币芯片卡等方面的技术问题。可以预见，在数字货币真正发行后，普通用户将通过基于安全芯片的客户端来使用数字货币。央行数字货币体系模型如图 2.3.2 所示。

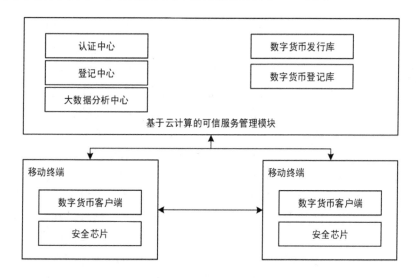

图 2.3.2　央行数字货币体系模型

资料来源：根据网页信息整理，http://www.sohu.com/a/162909592_721603。

3.3　央行数字货币现存的问题与风险

（1）技术不成熟
虽然区块链拥有众多优良特性，但是从根本上讲，去中心化的特点

---

① 私有云（Private Clouds）是为一个客户单独使用而构建的，提供对数据、安全性和服务质量的最有效控制。该公司拥有基础设施，并可以控制在此基础设施上部署应用程序的方式。

不能满足央行数字货币的要求，因为必须保证央行的中心化地位。因此，世界各机构开始进行关于私有链的研究，但是到目前为止，并没有基于私有链的典型应用诞生。而 R3 区块链联盟更是于 2017 年年初宣布其研究的分布式账本技术 Corda 不属于私有链，这对于私有链的研究是一个不小的打击。同时，区块链技术本身具有资源浪费和效率低下的问题，比特币的 PoW 共识机制使得算力资源和电力资源被浪费掉，还使比特币的交易处理速度受限。央行数字货币的发行必须改进这个问题。

（2）安全问题

区块链技术本身面临两个安全问题：一个是密码学破译问题，另一个是 51%攻击问题。密码学破译问题是一个矛与盾的问题，加密技术的提升同时伴随破译技术的提高。51%攻击性问题在公有链中基本不会发生，但是如果保留中心化机构，那么中心化机构被攻击以及 51%攻击性问题均会暴露。相反，现在的纸币并不会存在这样的问题。

（3）信任问题

首先，数字货币一旦发行，其发行的边际成本几乎为零，而货币发行量变化主要体现国家货币政策的干预,而非经济发展情况的真实反映。央行发行货币很可能受到国际货币发行的影响，从而引发全球货币需求不稳定。因此，微观主体对信用货币存在缺乏信任的问题。其次，央行发行数字货币的目的之一是利用可追溯信息打击犯罪，但是如何能在打击犯罪的同时，使居民的隐私权得到保障？随着人权意识的不断提高，数字货币可能会引起居民的反对诉求。与此同时，在国际贸易中，对外国接受我国数字货币的账户是否有监管权，也存在法律边界如何界定的问题。

（4）区块链技术应用的技术风险

区块链的整体架构虽然具有安全可信的特点，但这是建立在技术完善的前提下。区块链在应用过程中依然面临以下技术风险：一是点对点网络的安全稳定性风险。区块链技术采用点对点网络结构、消息广播机制，节点可自由加入或退出网络，易遭受路由欺骗、地址欺骗攻击，导致节点共识算法结果的波动。二是交易数据的信息安全风险。区块链技术未采取硬件加密措施，允许节点在区块中附加自定义信息，而且区块链中历史信息不可更改。若自定义信息中包含病毒或木马①，将会自动传播到全网进行恶意攻击。三是扩展应用的安全漏洞风险。区块链技术具有可编程扩展性，若加载于区块链上的扩展应用存在后门或安全漏洞，将会对交易安全构成较大隐患。

3.4　央行数字货币的展望

不可否认，数字货币在未来拥有广大的应用前景，是货币发展史的下一个阶段。但数字货币背后依托的区块链本质而言仍是技术创新，不可能完全取代当前货币体系的制度和信任，完全去中心化是不可能的。

基于区块链技术，央行数字货币具有降低成本、协助政府法制化建设以及管理经济的优点。但是不可否认，目前央行数字货币的标准还没有确立，区块链技术本身的缺点以及安全问题都成为其应用于央行数字货币的阻碍；同时，在应用中也面临微观主体信任问题以及一定的技术风险。因此，央行数字货币的发行还有待关键技术的突破以及周边配套体系的建立，比如法律制度等。

（四）互联网金融

互联网金融是传统金融机构与互联网企业利用互联网技术和信息通信技术，实现资金融通、支付、投资和信息中介服务的新型金融业务模式。信息技术的快速革新不断降低运营成本与沟通成本，在这样的大背景下，互联网金融迅猛发展，影响着人们生活的方方面面。其中，最具代表性的就是 P2P（Peer-to-Peer，个人对个人）贷款、互联网众筹和第三方支付，它们解决了中小企业的贷款难等问题，方便了人们的支付。而互联网金融创新又带来了新的监管问题，2015 年以来，国务院、人民银行等机构接连发布相关的政策规定，目的就是将互联网金融装进"监管的笼子"，规范发展，避免过度监管套利带来的各种风险。国家互联网金融安全技术专家委员会秘书长吴震对互联网金融新闻中心表示，2018

---

① 木马（Trojan），也称木马病毒，是指通过特定的程序（木马程序）来控制另一台计算机。

年互联网金融市场基调是合规发展和控制风险。笔者认为，合理的规范和有效的风险控制将促进互联网金融行业的可持续发展，推动整个金融体系乃至中国经济的进步。

1. 互联网金融简介

人们普遍认同的传统金融有四个最主要的特点：一是分业经营和分业管理，这些金融机构往往业务区分明确，但最近几年的高速发展，已经出现了混业经营的趋势；二是行业高度垄断，相关法规明确规定非金融部门不得从事金融业务，且机构的运营牌照会清晰地表明其允许进入的业务范围；三是产品创新不够，同业产品同质化趋势严重，导致针对中小企业以及居民的金融产品和相关金融服务十分有限；四是相关手续十分烦琐，影响用户体验。

2013 年被称为中国互联网金融元年。这一年，"互联网金融"因其以多种形式迅猛发展的势头，引起了媒体及大众的关注。2013 年 6 月，支付宝与天弘基金合作，余额宝诞生，现已成为规模最大的货币基金；8 月，腾讯旗下的微信平台正式推出微信支付功能；10 月，百度金融理财平台正式上线运营；11 月，众安在线财产保险公司挂牌成立，它是由"三马"（马云、马明哲、马化腾）联手打造的全国首家互联网保险公司；12 月，京东旗下的"京保贝"快速融资开始运营。2014 年，"互联网金融"首次被写入《政府工作报告》，作为互联网时代的新宠，其影响力达到历史新高。2015 年两会提出"互联网金融异军突起"，重申"促进健康发展"，由此可看出针对互联网金融发展的态度转变。2016 年两会，政府工作报告定调"规范发展互联网金融"。2017 年更是提出"对互联网金融等累积风险要高度警惕"。然而于 2016 年开展的互联网金融风险专项整治，目前已经两度延期。互联网金融风险专项整治的影响，体现在机构数量的减少、规模增速的降低等方面，对网贷行业尤其明显，P2P 网贷平台正常运营数量由 2016 年第三季度末的 2400 余家，减少到 2018 年第二季度末的 1500 余家。2018 两会提出"加强金融机构风险内控。强化金融监管统筹协调，健全对影子银行、互联网金融、金融控股公司等监管，进一步完善金融监管"。对互联网金融的监管和风险控制提出新的要求。

1.1　互联网金融在中国高速发展的原因

互联网金融的高速发展出现在我国以至于后来居上，而并没有出现在互联网和金融技术相对更先进的西方发达国家，这是许多因素复合作用的结果。曹凤岐教授认为，互联网金融在中国的"一枝独秀"，主要源于中国金融体系中金融压抑（Financial Repression）的宏观背景，以及对互联网金融所涉及的金融业务的监管套利。与传统金融服务的落后和供给不足对应的是实体经济的巨大融资需求，这一缺口为互联网金融的发展留下了空间；传统金融市场存在高度管制，而对于金融创新，则存在监管的盲区。正是因为这样，互联网金融作为资本市场的"新人"才有了生存的空间。借助于互联网这一技术进行金融活动，是对传统金融的巨大挑战，说是颠覆也并不为过。具体而言，有以下四个原因：

（1）移动互联、大数据、云计算等通信技术的日新月异，为互联网金融的高速发展提供了支撑

互联网的快速普及，为我国互联网金融的兴起提供了庞大而坚实的用户以及应用基础。中国互联网络信息中心（CNNIC）发布的第 42 次《中国互联网络发展状况统计报告》（以下简称《报告》）显示，截止到 2018 年 6 月 30 日，我国网民规模达 8.02 亿，普及率为 57.7%；手机网民规模达 7.88 亿，网民中使用手机上网人群的占比达 98.3%。截至 2018 年 6 月，我国网络支付用户规模达到 5.69 亿，较 2017 年末增加 3783 万人，半年增长率为 7.1%，使用比例由 68.8%提升至 71.0%。网络支付已成为我国网民使用比例较高的应用之一。其中，手机支付用户规模增长迅速，达到 5.66 亿，半年增长率为 7.4%，在手机网民中的使用比例由 70.0%提升至 71.9%。互联网基建设施不断完善，数字化战略得到系统阐释，互联网服务持续渗透，网民规模保持稳健增长。

（2）高速兴起的电子商务，推动了互联网金融的产生与发展

从某些角度看，互联网金融可以说是应运而生，这个"运"就是指电子商务。电子商务在我国出现很早，20 世纪 90 年代就已经产生，但交易规模等并不起眼。2000 年以后，借助两个关键契机，电子商务获得

了高速发展的机会。第一，"非典"出现干扰了正常的交易活动，而由于其与生俱来的非接触性和便捷性，网络交易获得了大家的青睐；第二，金融危机的出现导致我国依赖的出口波动剧烈，随着一些企业的产品从出口导向转为内销，电子商务也迎来黄金时期，迅猛发展。2013 年，中国超过美国，成为全球第一大网络零售市场。同时，作为互联网金融出现最早形态的网络支付，与电子商务发展的轨迹高度吻合。20 世纪 90 年代，网络银行、第三方支付等形式就已经出现，但由于借助第三方平台开展业务并不方便，商户之间更习惯于通过银行跨行、邮局汇款等来达到货款交割的目的。而对于 B2B（企业之间的交易）大额交易来说，这种方式并不麻烦，但对于 B2C（企业与个人之间的交易）、C2C（个人之间的交易）等单笔只有几十元的小额交易很不便利，不仅有手续费的存在，还会产生大量的时间成本，如等车、排队等。更重要的是，由于网络诚信问题的存在，付款后收不到货、货不对板等问题时常发生，而这已成为制约电子商务发展的最大瓶颈。网络支付正是在这样的背景下倒逼而生的。2004 年 10 月，阿里巴巴推出支付宝，淘宝的高速发展正是得益于这一创新。支付宝作为独立的第三方交易平台，扮演了类似于中间人的角色，它的出现有效解决了支付、信用以及产品质量纠纷问题。此后，快钱、银联在线、汇付天下等网络支付机构如雨后春笋般涌现。

（3）由于资源的有限性以及相关政策倾向，导致金融服务与资源的供给和实体经济投融资的需求之间存在巨大的缺口，而正是这一缺口的存在使互联网金融赢得了发展的空间

由于相关政策的原因，我国很大一部分资源都流向了国有企业，特别是大型国有企业。从融资的资金成本和时间成本角度来看，大型国有企业的融资成本有很大优势；而对小微企业而言，对应的金融产品和服务十分短缺，由此带来的融资难问题一直难以解决。从投资的角度来看，股票、债券等市场的监管及相关法律法规不完善，中国人传统上具有风险厌恶观念，这使得老百姓手中的闲散资金没有安全合适的理财产品和投资渠道，而对应的低门槛的金融理财服务更是少之又少，完全不能满足需求，老百姓只能被迫选择银行储蓄存款。与此同时，互联网金融则

凭借其与生俱来的普惠性以及低门槛的金融服务，弥补了传统金融行业这方面的不足。比如，1 元就能起投的余额宝，可以视为基本没有任何的投资门槛；相比之下，商业银行网点向储户推荐的货币市场基金的认购金额下限大都至少需要 5 万元。从投资门槛这个角度来看，如果说传统金融给大众的印象是"西装革履"，那么可以认为互联网金融则是"便装"，当然这样才能更好地融入普通大众的日常生活。

（4）相关监管规定的滞后甚至空白，使社会闲散资本找到了进入资本市场的渠道

互联网从诞生的那一刻起，就是一个技术创新十分迅速的领域，怎样及时、有效地监管互联网，是各国监管机构都十分头疼的问题。而对于互联网金融来说，跨界经营更是家常便饭，相比较而言，这样的监管难度更大。而互联网企业正是抓住了这一历史时机，大量业务游走于无门槛、无标准、无监管的灰色地带，凭借庞大的网络用户以及成本优势，高速发展。

1.2　互联网金融带来的影响

互联网的高速发展与普及极大地促进了信息的流通，影响了我们生活的方方面面。姚文平在《互联网金融：即将到来的金融时代》一书的序言中指出：互联网的最大价值并不在于其自身能产生多少新东西，而在于其对已有行业潜力的再次挖掘、提升乃至颠覆。本部分着重分析互联网金融对资本市场的运行带来的诸多影响。

（1）基于网络的 P2P 贷款平台的飞跃式发展，使传统金融模式中银行体系对资金供给的垄断被打破了。可以这么说，基于网络的 P2P 平台是真真正正地做到了普惠金融。P2P 贷款的资金基本上是流向了传统金融模式忽略的中小企业。与此同时，第三方支付平台的发展给商户及个人的支付、结算都带来了极大的方便。2011 年，央行发放第一批第三方支付牌照，第三方支付机构开始规范发展。预计伴随着电子商务、网络支付的不断发展，货币或许最终会演变为真正的电子货币，而纸币的发行量在未来也会大大减少。

（2）相关的法规及政策文件规定了金融机构的经营业务范围，而互

联网金融产品的存在及发展则打破了这一界限。如我们所熟知的支付宝，其主要资金最初来源是客户在网上购物时支付的保证金，从某种程度上可以理解为其所吸收的"存款"。当资金存入银行时会产生利息收入，而这些利息收入理应属于"储户"，但如果真的以"利息"的名义将这部分收入返还给"储户"，就会被监管机构认定为真正的"储蓄存款"，即违反了非银行机构不得吸收存款的规定；但如果是以代客理财、投资的名义将收入返还给顾客，则不会出现这样的问题。正是在这个创新的思路下，余额宝诞生了。余额宝的本质是货币基金，当然由于相关规定的存在，它并没有发行基金的资质，但是通过与天弘基金合作，通过互联网这一低成本推介媒体，向客户发行货币基金，可以较低的成本吸引新的客户。而通过与余额宝的合作，天弘基金从原本排名非常靠后、经营业绩不佳变为国内基金管理规模第一。两家公司的合作将货币市场和资本市场连接起来，创造了新的金融工具，同时也为顾客带来了更高的收益。

（3）互联网金融向移动互联网金融的发展，促使人们的生活方式发生了很大变化。现在人们开始用手机进行支付、投资、购物、订餐等，这样，互联网金融和物联网、电子商务结合起来，使互联网金融进入寻常百姓家。移动互联网的发展，使得只要拥有一部手机，我们就可以开展经济商务活动。

2. 互联网金融的现状

2.1 P2P 网络贷款

P2P，即 Peer-to-Peer，字面意思是"个人对个人"，或者更流行的说法是"点对点"。P2P 网络贷款，即个人对个人的贷款，是一种通过互联网进行贷款的模式，而提供这种信息服务的中介机构即为我们所说的 P2P 网贷平台。P2P 贷款的角色类似于中间人，负责撮合双方交易，平台的收入来源是撮合每笔交易时的手续费。相对于传统金融机构特别是银行贷款而言，P2P 网贷具有审查手续简单、贷款速度快、交易费用低且不需要抵押等诸多优势；而正是由于这些传统金融机构所不具有的优势，使得 P2P 网贷的规模在短时间内迅速扩张。由图 2.4.1 可以看出，

P2P 网贷平台自 2014 年开始飞速发展，贷款余额增长速度也很快，而这主要归功于互联网技术的发展。

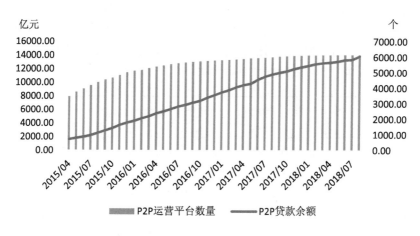

图 2.4.1　P2P 平台数量及贷款余额

资料来源：Wind。

　　"拍拍贷"是我国第一家 P2P 网络贷款平台，其成立的最初目的是通过这一平台将资金供需双方联系在一起。在这一平台上，用户可获得信用评级、发布自己的融资需求，符合条件即可申请贷款；当然用户也可以通过这一平台将闲置资金借出给平台认可的融资方。"拍拍贷"创立之后发展迅速，根据其官网最新披露的 2018 年第二季度业绩报告，截至 2018 年第二季度，较去年新增客户 2984.4 万人，其中 80 后与 90 后借款人占比 87.31%，平台同期成交 748 万笔借款，共计 232.08 亿元。

　　在 P2P 网贷出现之前，社会投资门槛很难降低，例如信托等产品投资门槛动辄数十万元起。假设某企业需要 1 亿元的借款，如果同时面向 100 个人募集资金，则每人需要 100 万元闲置资金。这种融资项目需要的时间非常长，融资成本也高。为了提高效率，可以选择提高投资的门槛，假如改为向 10 个人募集资金，则每人需要资金 1000 万元。在这种高投资门槛的项目出问题后，对单个投资人影响巨大，而且一定会造成不良的社会影响。P2P 网贷出现之后，1 亿元的项目可以向 10 万人募集资金，这样的话每人仅需投资 1000 元，投资门槛显著降低。在投资金额随着人数的增加而逐渐减小时，整个系统承受的风险也是降低的。这就能解释为什么现在很多互联网金融的风险都发生在线下而非线上，例如 e 租宝等。因为利用互联网推介的成本低，通过在线平台，投资总人数可以快速增加，在总融资额一定的情况下，单个投资人所投入的资金是下降的，与此同时，投资人自己也可以充分利用互联网的便捷性，对市场信息进行搜集并分析，得出自己的判断，降低风险。

不可否认的是，P2P 网贷平台在给双方带来方便的同时，其固有的漏洞也开始显现。由于监管的缺失和某些平台的虚假宣传，已经出现投资者遭受资金损失但得不到保障的现象。截至 2018 年 10 月，全国共有 4603 家 P2P 网贷平台出现问题。其中，出现提现困难的有 703 家，停业的共计 2331 家，跑路的有 1435 家，停业平台与跑路平台合计占问题平台总数的 80%以上。为了保障投资者权益，维护金融市场稳定，促进行业健康发展，2017 年 2 月 23 日，银监会发布《网络借贷资金存管业务指引》，否定多头存管，压缩联合存管，限制非银机构参与，推动银行存管成为 P2P 合规的硬指标。

2.2　互联网众筹

众筹指的是一种群体性合作的融资方式，为支持某些新项目的开展和进行，通过网络平台聚集资金。可以说，众筹的出现缓解了社会尤其是中小企业的融资难题。与此同时，我国的相关规章制度有明确要求：众筹平台涉及的所有项目均不能以股权、债券、分红或利息等金融形式作为回报，项目发起者更不能向支持者许诺任何资金上的收益，必须是以其相应的实物、服务或者媒体内容等作为回报；否则，可能涉及非法集资。

截至 2017 年 12 月底，全国众筹平台共计 280 家，与 2016 年同期相比下降约 33%，基本与 2015 年持平，如表 2.4.1 所示。随着行业洗牌加剧，部分平台转型或退场，2017 年众筹平台数量逐渐减少，在金融监管趋于严格的大势下，行业逐渐进入规范发展期。虽然数量减少但 2017

年全国众筹行业融资金额仍然达到215.78亿元,同比2016年约下降5%,降幅较小。如图2.4.2所示。

表 2.4.1　互联网众筹平台

平台类型	平台总体数量	正常运营平台数量	下架或业务下架众筹平台数量	转型众筹平台数量
回报众筹	120	108	8	8
互联网非公开股权融资平台	82	66	5	2
综合众筹	58	72	4	2
物权众筹	17	10	2	0
公益众筹	3	2	1	0
共计	280	248	20	12

资料来源:中关村众筹联盟,云投汇,京北众筹,36氪股权投资.2018互联网众筹行业现状与发展趋势报告.钛媒体官网,2018-01.

图 2.4.2　P2P 贷款规模及同比增长

资料来源:Wind。

2.3　第三方支付

第三方支付，一般是指拥有牌照的第三方支付企业通过计算机与信息技术建立与交易双方及银行之间的连接，在使交易双方完成商务交易的同时，提供资金的在线支付清算及统计等服务，实现商务与金融服务的紧密协同。传统的支付方式是指通过银行的结算系统进行相关的资金清算；但这种方式仅仅可以完成交易双方的资金清算，而在对双方的监督以及约束上却毫无作为。可以说，第三方支付的出现弥补了这一缺失。通过第三方，用户可以避免由网上交易带来的各种风险，如退换货、诚信问题等，从而可以保证交易双方的利益。第三方支付平台在交易双方之间设立过渡账户，这样一来，货物交割的货款可以通过第三方实现可控性停顿，交易完成后再决定货款的流向。

作为典型的非金融机构，第三方支付平台的出现，也可以促使银行和商户合作，建立方便快捷的支付通道。而作为中间人的第三方机构，一边与银行签订相关协议，搭建数据交换和信息传输的线路网络；另一边连接商户，方便快捷地实现商户与银行的结算。相对于银行卡交易而言，第三方支付的优势明显。第一，作为银行与商户支付的中介，第三方支付平台承担交易资金托管和交易监督的责任，从而确保每笔交易的安全性。第二，与传统支付方式相比，第三方支付更具效率也更加方便。由于定位于普通消费者的小额高频交易，在保证安全交易的同时，可降低支付时个人操作的复杂性。例如，在将自身银行卡和第三方支付机构绑定后，遇到支付场景时，只需输入交易密码，甚至可以通过指纹交易，与网银相比，效率大大提升。第三，第三方支付的出现，可以大大降低交易成本。对于商户来说，之前为方便顾客消费，需要安装许多的银行网关；而与此同时，银行也要承担巨大的建设和维护成本。第四，与传统支付方式相比，第三方支付更加灵活，可以根据客户的具体要求提供个性化的支付结算服务。与此同时，随着商业模式的不断创新，第三方支付的业务也将随之变化。第三方互联网支付交易规模如图 2.4.3 所示。

万亿元 %

图 2.4.3　第三方互联网支付交易规模

资料来源：Wind。

央行于 2010 年发布的《非金融机构支付服务管理办法》规定，第三方支付业务包括三类：一是网络支付，二是预付卡的发行与受理，三是银行卡收单。网络支付具体包括货币汇兑、互联网支付、移动电话支付、固定电话支付和数字电视支付等。该办法明确了第三方支付的中介性质，而且必须在获得央行颁发的"支付业务许可证"之后，第三方平台才能开展业务。特别是每一张"支付业务许可证"均对业务覆盖范围和业务类型做了具体的界定，持证企业必须在规定范围之内开展业务。在我国现阶段第三方互联网支付市场中，人们普遍熟悉了解的是依托蚂蚁金服的支付宝以及依托微信的财付通。从图 2.4.4 中可以看出，与前几年不同，支付宝占据 31.5% 的市场份额而不再拥有"半壁江山"，排名第二的财付通所占市场份额也有所下降，为 19.3%。

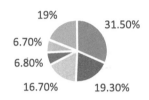

图 2.4.4　2017 年底第三方互联网支付市场份额

资料来源：Wind。

从图 2.4.5 可以看出中国第三方移动支付市场规模增长速度之快，与 2015 年相比，2016 年全年市场规模增加近 4 倍。我国第三方移动支付市场中主要方式有短信支付、近端支付和移动互联网支付。从图 2.4.6 可以看出，2011 年以后第三方移动互联网支付凭借其便捷性以及良好的用户体验，加速侵占短信支付和近端支付的市场份额。截至 2017 年年底，移动互联网支付规模占整个第三方支付市场的 97.5%。值得注意的是中国第三方移动支付市场规模增长速度在 2017 年有明显减缓，这与国家规范管控密切相关。

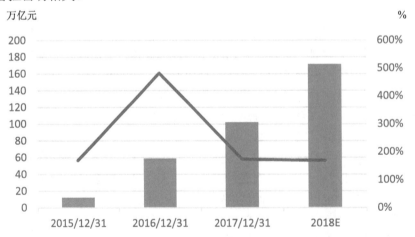

图 2.4.5　中国第三方移动支付市场规模（万亿元）

资料来源：Wind。

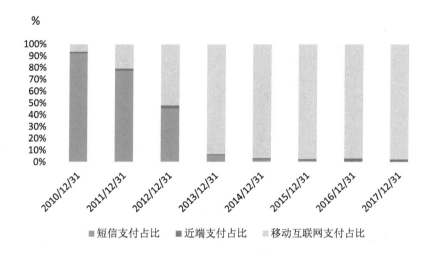

图 2.4.6　中国第三方移动支付市场构成

资料来源：Wind。

案例：互联网金融现状——以余额宝为例

"余额宝"由第三方支付平台支付宝公司推出。支付宝的用户可以选择将其余额转到余额宝中，通过与天弘基金的合作，用户可以同时购买天弘基金的货币基金产品。货币基金的收益以理财收益的名义返还给投资者；当然，更为方便的是，余额宝的份额（或者说对应的基金份额）可以随时消费，只要交易对方也接受支付宝转账。如前所述，余额宝的模式是通过自己的平台，将用户的闲置资金集中，再以协议存款的形式，以较高的利息借给需要资金周转的银行，而且用户的本金基本没有风险。

根据有关数据，截止到 2017 年 12 月 31 日，余额宝总规模 1.58 万亿元，相比 2016 年底几乎翻倍。过去的 2017 年，余额宝实现利润 524 亿元，平均每天赚 1.44 亿元，收益率 3.92%。余额宝之所以可以保持高速增长，主要原因是其个人用户占总用户数的比例超过 99%，而且在欠发达地区不断普及，其中投资千元以下的用户达到 70% 左右，但是单日净赎回量一直小于 1%，资金来源极其稳定。而这些数据也充分体现了互联网金融的"低门槛"。余额宝流程图及规模如图 2.4.7 和图 2.4.8 所示。

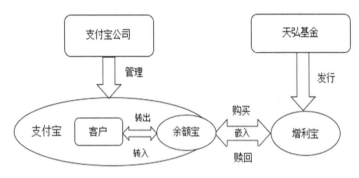

图 2.4.7　余额宝流程图

资料来源：邱勋.互联网基金对商业银行的挑战及其应对策略——以余额宝为例[J]. 上海金融学院学报, 2013, (04):75-83.

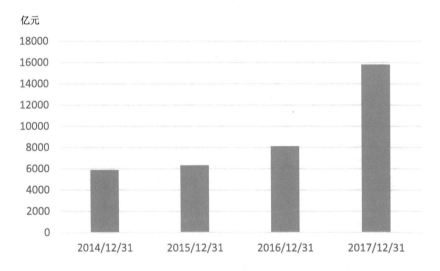

图 2.4.8　余额宝规模（亿元）

资料来源：Wind，天弘基金公告。

3. 互联网金融存在的问题

　　表 2.4.2 总结了近几年在年度《政府工作报告》中涉及互联网金融的表述。2013 年互联网金融飞跃式发展，2014 年、2015 年的《政府工作报告》中指出要促进互联网金融健康发展；但随着互联网金融风波不断，负面消息和各种平台跑路事件增多，相应的监管文件也开始频发，2016年强调了对互联网金融风险的防范，2017 年作为互联网金融监管执行年，《政府工作报告》中特别提到要对互联网金融的累积风险高度警惕。2018 年，中国监管部门对于"互联网金融的监管进一步加强。"

　　由于现有的监管模式和手段并不成熟，互联网金融的各种模式在飞跃式发展的同时，也带来一系列的问题，主要体现在以下两个方面。

表 2.4.2　《政府工作报告》中有关互联网金融的表述

年份	互联网金融风险在《政府工作报告》中的表述
2014	促进电子商务、工业互联网和互联网金融健康发展
2015	促进互联网金融健康发展
2016	规范发展互联网金融，更强调互联网金融风险防范
2017	对不良资产、债券违约、影子银行、互联网金融累积风险要高度警惕
2018	要加强金融机构风险内控，强化金融监管统筹协调

资料来源：笔者根据《政府工作报告》整理。

3.1　互联网金融风险逐步加大

　　在互联网金融迅速发展的同时，互联网金融领域中法律风险、信用风险、营运风险等开始逐渐浮出水面。2014 年 10 月被称为中国 P2P 网贷行业的"黑色十月"，据网贷之家数据显示，2014 年 10 月全国共有 31家 P2P 网贷平台暴露跑路风险，平均每天就有一家 P2P 网贷平台跑路。网贷中全部停业及问题平台从 2011 年的 10 家一跃增长到 2016 年的 1850家，2017 年以较大幅度上涨，主要出现的问题是提现困难、停业和跑路。2018 上半年，由于金融收紧，杠杆力度加大的原因，P2P 网贷机构的业务规模扩张受限，平台信用违约风险进一步升高。

3.2　监管模式和手段亟待改进

由于技术等方面的限制，与日新月异高速发展的互联网金融模式不同，我国现有的监管手段仍相对落后。互联网技术高速发展带来的新产品、新业态与新模式如雨后春笋般不断涌现，而传统的金融监管方式并不完全适用于互联网场景下的监管模式；与此同时，不同监管部门之间的协调机制仍不健全，并且监管机构的监管职能不清等也会使这一领域存在很多可操作的灰色地带。

4. 互联网金融监管

鉴于互联网金融的飞跃式发展，各监管机构先后颁布各项政策规定对互联网金融进行监管，其中的监管要求和规范也根据实际业务需要不断进行更新和调整。随着互联网金融整治方案、网贷监管细则、资金存管指引等系列法规的颁布，互联网金融逐渐走上合规、快速发展之路。

2015 年 7 月，中国人民银行等十部委发布《关于促进互联网金融健康发展的指导意见》，为互联网金融不同领域的业务指明了发展方向。该文件第一次明确规定了互联网金融的概念，并划分出各个互联网金融形态的监管职能部门，具体分类如表 2.4.3 所示。表 2.4.4 则对 2013 年以来的监管文件进行了相应的梳理。

表 2.4.3　互联网金融形态监管

互联网金融 形态	监管规定及分工
互联网支付	第三方支付机构与其他机构开展合作的，应清晰界定各方的权利义务关系，建立有效的风险隔离机制和客户权益保障机制。互联网支付业务由人民银行负责监管
网络借贷	个体网络借贷机构要明确信息中介性质，主要为借贷双方的直接借贷提供信息服务，不得提供增信服务，不得非法集资。网络借贷业务由银监会负责监管

续表

互联网金融形态	监管规定及分工
股权众筹融资	股权众筹融资方应为小微企业，应通过股权众筹融资中介机构向投资人如实披露企业的商业模式、经营管理、财务、资金使用等关键信息，不得误导或欺诈投资者。股权众筹融资业务由证监会负责监管
互联网基金销售	不得通过违规承诺收益方式吸引客户，不得与基金产品收益混同。第三方支付机构的客户备付金只能用于办理客户委托的支付业务，不得用于垫付基金和其他理财产品的资金赎回。互联网基金销售业务由证监会负责监管
互联网保险	保险公司通过互联网销售保险产品，不得进行不实陈述、片面或夸大过往业绩、违规承诺收益或者承担损失等误导性描述。互联网保险业务由保监会负责监管
互联网信托和互联网消费金融	审慎甄别客户身份和评估客户风险承受能力，不能将产品销售给与风险承受能力不相匹配的客户。互联网信托业务、互联网消费金融业务由银监会负责监管

资料来源：笔者根据相关资料整理。

表 2.4.4 互联网金融相关政策文件汇总

序号	时间	文件名	发布机构
1	2013 年 11 月	《中共中央关于全面深化改革若干重大问题的决定》	十八届三中全会
2	2014 年 1 月	《关于加强影子银行监管有关问题的通知（国办 107 号文）》	国务院办公厅
3	2014 年 4 月	《关于加强商业银行与第三方支付机构合作业务管理的通知》	银监会、中国人民银行
4	2014 年 8 月	《关于促进本市互联网金融产业健康发展的若干意见》	上海市政府
5	2014 年 12 月	《互联网保险业务监管暂行办法（征求意见稿）》	保监会
6	2014 年 12 月	《私募股权众筹融资管理办法（试行）（征求意见稿）》	证监会

序号	时间	文件名	发布机构
7	2015 年 1 月	《关于做好个人征信业务准备工作的通知》	中国人民银行
8	2015 年 5 月	《关于 2015 年深化经济体制改革重点工作的意见》	发改委
9	2015 年 7 月	《关于积极推进"互联网+"行动的指导意见》	国务院办公厅
10	2015 年 7 月	《关于促进互联网金融健康发展的指导意见》	中国人民银行等十部委
11	2015 年 7 月	《非银行支付机构网络支付业务管理办法（征求意见稿）》	中国人民银行
12	2015 年 8 月	《最高人民法院关于审理民间借贷案件适用法律若干问题的规定》	最高人民法院
13	2015 年 11 月	《关于积极发挥新消费引领作用加快培育形成新供给新动力的指导意见》	国务院办公厅
14	2015 年 12 月	《网络借贷信息中介机构业务活动管理暂行办法（征求意见稿）》	银监会等
15	2015 年 12 月	《非银行支付机构网络支付业务管理办法》	中国人民银行
16	2016 年 3 月	《互联网金融信息披露规范（初稿）》	中国人民银行等
17	2016 年 3 月	《关于加大对新消费领域金融支持的指导意见》	中国人民银行、银监会
18	2016 年 4 月	《互联网金融风险专项整治实施方案》	国务院办公厅
19	2016 年 4 月	《关于加强校园不良网络借贷风险防范和教育引导工作的通知》	教育部办公厅、银监会
20	2016 年 6 月	《征信业务管理办法（草稿）》	央行征信管理局
21	2016 年 7 月	《互联网广告管理暂行办法》	国家工商总局
22	2016 年 8 月	《网络借贷信息中介机构业务活动管理暂行办法》	银监会等
23	2016 年 10 月	《关于互联网金融风险专项整治工作实施方案的通知》	国务院办公厅

续表

序号	时间	文件名	发布机构
24	2016 年 10 月	《开展互联网金融广告及以投资理财名义从事金融活动风险专项整治工作实施方案》	国家工商总局
25	2016 年 10 月	《互联网保险风险专项整治工作实施方案》	保监会
26	2016 年 10 月	《股权众筹风险专项整治工作实施方案》	证监会等
27	2016 年 10 月	《P2P 网络借贷风险专项整治工作实施方案》	银监会
28	2016 年 10 月	《非银行支付机构风险专项整治工作实施方案》	中国人民银行等
29	2016 年 10 月	《通过互联网开展资产管理及跨界从事金融业务风险专项整治工作实施方案》	中国人民银行等
30	2016 年 10 月	《关于开通互联网金融举报信息平台的公告》	中国互联网金融协会
31	2017 年 2 月	《网络借贷资金存管业务指引》	银监会
32	2017 年 6 月	《关于进一步做好互联网金融风险专项整治清理整顿工作的通知》	中国人民银行
33	2017 年 6 月	《关于对互联网平台与各类交易场所合作从事违法违规业务开展清理整顿的通知》	互联网金融风险专项整治工作领导小组
34	2017 年 8 月	《网络借贷信息中介机构业务活动信息披露指引》	银监会
35	2017 年 12 月	《关于规范整顿"现金贷"业务的通知》	P2P 网络借贷风险专项整治工作领导小组
36	2018 年 1 月	《关于开展为非法虚拟货币交易提供支付服务自查整改工作的通知》	中国人民银行

资料来源：笔者根据相关资料整理。

5. 互联网金融未来的发展

虽然互联网金融发展迅猛，但其实仍处于发展的初期，规范运作的基础十分薄弱。2016 年，央行带头开始对互联网金融的监管进行制度设计，"三会"也针对自己的领域提出了相应的监管要求。但这样还远远不够，如果想要实现运行良好的市场秩序，就必须对不同的参与主体分类，同时建立一系列对应不同业务的运营规则、准入门槛等，不断完善市场的运行。

根据现有的一些规章制度，对互联网金融的监管已经大致完成了最初的一个阶段，建立起基础的框架以及最基本的规则。在此之后，从短期来看，要延续整治，需要在前期掌握情况的基础上更好地对症下药，对违法违规行为及时处理。从中长期来看，则要实现互联网金融各种领域模式的可持续发展，在长期内有效实现风险可控，如逐步推进信用体系完善、促进未来多层次的监管协调。今后随着监管的不断推进，互联网金融业务发展将愈发困难。就长期而言，合理的规范将有效促进互联网金融行业的可持续发展，推动整个金融体系乃至中国经济的进步。

（五）资产管理

1. 我国资管业务的发展现状

根据中国基金业协会，截至 2018 年 6 月，我国资产管理业务规模 53.07 万亿元，增速放缓，从 2015 年 86.34% 的同比增长速度不断下降到 2018 年的 0.51%。2018 年 6 月我国资产管理业务占比中，证券公司以 28.79% 位居第一，基金管理公司管理公募基金、基金管理公司及其子公司专户业务、私募基金管理机构占比不相上下，均占比超过 23%，期货公司占比不到 1%。具体情况如图 2.5.1 和图 2.5.2 所示。

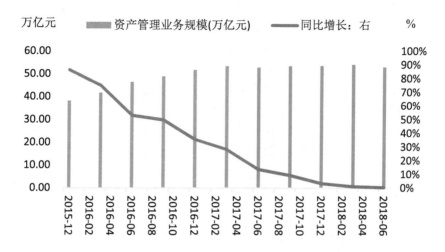

图2.5.1 2015—2018年6月中国资产管理业务规模

数据来自Wind。

■资产管理业务总规模:基金管理公司管理公募基金

■资产管理业务总规模:基金管理公司及其子公司专户业务

■资产管理业务总规模:证券公司

■资产管理业务总规模:期货公司

■资产管理业务总规模:私募基金管理机构

图2.5.2 2018年6月中国资产管理业务规模具体占比情况

数据来自Wind。

中信建投在《"大资管"的瘦身与重塑——回归和定位》中指出，从 2012 年第三季度开始，中国资产管理行业分业经营壁垒被逐渐打破，由于监管的不断放开，资产管理行业进入进一步的竞争、创新、混业经营的阶段。银行、券商、信托、基金、保险等机构的资管业务不断发展、丰富、成熟，泛资管时代正式来临。然而五年之后，中国资管行业的风险与问题逐渐暴露，行业的发展又走到了十字路口。2017 年 3 月 29 日到 4 月 12 日，银监会罕见两周连发七文，主要整治"三违""三套利""四不当"等银行业市场乱象，旨在弥补监管短板，加强监管效能，督促银行业做好风险防控与管理。银行业监管逐步收紧正在波及整个资管行业，各个资管机构应该重新思考资产管理的本质，整顿业务架构，不断转型，最终回归本质。

荀文均在《穿透式监管与资产管理》（2017）指出，近年来我国资产管理规模不断攀升，资管产品不断创新，资管业务快速发展，在满足居民财富管理需求、优化社会融资结构、服务实体经济等方面发挥了积极作用。然而，资产管理领域也存在不少乱象，如多层嵌套、杠杆不清、名股实债、监管套利、非法从事资产管理业务等，显著加大了金融体系的脆弱性。尽管各监管部门都出台了本行业资产管理业务规范，但并未有效地解决这些突出问题。究其根本原因，在于分业监管体制下不同类型机构开展同类业务的行为规则和监管标准不一致，且在机构监管理念下很难实现对资产管理业务的全流程监控和全覆盖监管。

2. 不良资产具有的新特点和新问题

王志峰在《"互联网+"背景下的不良资产处置新路径》（2016）中说道：从法律角度看，不良资产是指机构主体实际构成违约而无法兑付的债权，如商业银行不良贷款。从财务角度看，不良资产的定义变得更加宽泛，如果资产实际价值低于账面价值或者企业未来经济利益不能完全流入，也可被归类为不良资产。

由于政策的限制，1990 年代末与 2000 年代初的不良资产处置还是一门垄断生意：四大 AMC（Asset Management Companies，即资产管理公司）——东方、信达、华融与长城，是仅有的持牌机构，整个市场面是非常狭窄的，其他民间机构只能采取迂回的投资战略与持有牌照的资产管理公司合作来投资不良资产。政策导向是 1990 年代末与 2000 年代初不良资产管理过程中的鲜明特点，这决定了不良资产的处置方式有当时鲜明的特征：更多是用时间换空间的方式让资产价值得以保存和释放。

但是随着这一轮国家政策的不断开放，尤其是 2016 年 10 月，国务院下发了关于市场化银行债权，转让股权的指导意见之后，整个市场化的债转股开始启动。

整个社会上的不良资产从过去的政策性主导，转向市场化主导，这与以往的不良资产处置主要表现出四个完全不同的特点：

（1）定价方式市场化

我国原来不良资产的定价方式基本上是由内部定价之后四大摘标，而现在所有的不良资产包定价都是通过市场化竞争的。通过公开竞标的商业化方式，确保两端资产价值得到真正的保证和释放。

（2）市场主体多元化竞争加剧

当前我国已经形成了以四家 AMC 为主、地方资产管理公司为辅，民营资产管理公司、投行、私募基金、产业基金等多方参与的市场格局。随着 AMC "二胎" 政策的放松，越来越多的地方 AMC 成立，《金融时报》2017 年 9 月 25 日指出目前大约有 50 家地方 AMC。持有牌照处理不良资产包的公司股权结构呈现多种方式，原来主要是以国企为主。但是一家百分之百民营性质的地方 AMC 海德股份成立了。

（3）自负盈亏

所有竞标的不良资产包的责任承担变成自负盈亏。

（4）处置方式多样

原来的处置方式比较单一，现在对不良资产包的处置方式包括债务重组、不良资产证券化、债转股等多种方式都参与到不良资产包的处置当中。

蓬钢在 SuperReturn Asia 2017 峰会上表示，与 20 世纪 90 年代末那一阶段周期不同，本阶段的不良资产 80%以上都有抵押品。据了解，这些具有抵押品的资产中，其抵押品 90%以上都是房地产资产，如工厂、酒店等。

周礼耀在《中国金融》（2017）上指出，与上一轮不良资产是经济体制转轨过程的成本付出不同，新一轮不良资产则主要是我国经济金融资源出现错配、风险资产增加、信用环境恶化所致，具有涉及范围扩大、处置难度增加、运作周期延长等特点。受国内国际宏观经济周期的影响，且不同于 20 世纪末政策性不良资产处置面临的经济高增长的外部环境，本轮不良资产处置问题和周期经营问题更加复杂。

3. 我国处置不良资产的手段与挑战

关于不良资产的处置方式，当前中国市场运作模式多为一些常规手法，例如债转股、并购重组、债务人清偿等。新兴资产管理公司在传统模式基础上不断创新，逐渐形成了"金融中介+投融资""基金+产品""产业并购+杠杆融资"等处置模式。

根据上海金融报、利得资本研究院、新华网、第一财经、经济观察网、麦肯锡咨询、野火资产等，不良资产面临的挑战主要有以下四个方面：流动性缺失、合规性的限制、价值挖掘的瓶颈以及处置当中的人才和相对应的专业处置能力。

不良资产市场面临的第一个挑战就是关于流动性缺失的问题。

所谓流动性缺失的问题，实际上就是市场上的资金怎样进到不良资产的领域当中去的问题。目前的现状是大量社会上的资金，想进到不良资产当中，但是不知道如何进；或者进去之后，如何才可以找到合理的位置，合理的回报，这是目前这个市场上呈现出的第一个特点，也就是社会上的资金和不良资产端双方没有找到很好的路径。

第二个挑战是合规性的限制。

目前不良资产处理的方式呈现出各种各样新的方式，如债转股、破产重组、清算重组，但在现有的司法机制实践中还是有很多的限制。目前如果没有 AMC 牌照参与，纯粹的债券转让，在司法领域中会受到很多权利限制。例如抵押权，在承接不良资产当中的单一债权涉及抵押权的时候，债权的转让是不是必然引起抵押权的转让，很多法院只认可 AMC 牌照，甚至只认可"四大"，连地方都不认可；另外，对十个以上的资产包和十个以下的资产包的界限和定性各个司法机构的认知程度也是不一样的。

第三个挑战是价值挖掘的瓶颈。

拿到不良资产包之后，有多大的能力把其价值挖掘出来：地方 AMC 有没有配套的机制体制去激发或引导出这样一个力量，从目前来看，这一块在参与的主体当中还是比较缺乏的。

第四个挑战是处置当中的人才和相对应的专业处置能力。

不良资产包当中涉及跨行业、跨专业，涉及不动产的属性，动产的处置方式，甚至涉及一些地方保护主义，各种势力的限制，这些都需要专业对口人才去处理。在这个过程当中，不仅有司法程序上的障碍，更有清收上的障碍等。

如果不能解决这四个方面的挑战，很可能你进入之后就是一纸富贵，你最后拿的只是表面上的权利，但实际上你的投资价值是体现不出来的。

4. 互联网在处置不良资产方面发挥的作用以及可能有的创新方式

互联网以其无限的可能性和创造力创新了不良资产运营处置模式。通过互联网交易平台的方式，有效提高信息透明度，提高不良资产处置效率。

王志峰在《"互联网+"背景下的不良资产处置新路径》（2016）中指出：目前，众多企业利用互联网平台、大数据等进入了不良资产处置领域，探索出了一些新的模式：

（1）拍卖模式

法院在淘宝平台上发布拍卖信息，意向客户通过支付宝缴纳保证金，最后网上竞拍价高者得。拍卖网站平台利用平台影响力拓宽了信息发布渠道，提升不良资产处置买方的交易活跃度，也在一定程度上改变了过去资产包数量过多的情况下低价贱卖的局面。

（2）催收平台模式

在催收平台模式下，委托方在平台上发布招标信息，竞标方制订催收方案并投标，中标后催收方进行电话催收及外访催收。在这个过程中平台整合了信贷机构和催收公司，利用大数据系统化地提供全链条不良资产催收服务，如数据信息收集、智能催收决策、上下游数据匹配等，解决了信息不对称，实现标准化精准催收和处置。

（3）数据服务模式

此类模式，主要整合相关的数据资源，如个人资产、债务、诉讼、执行、黑名单以及与个人相关的企业信息等，为不良资产投资机构和处置团队提供一站式数据查询服务，帮助用户找到债务人的新增或隐匿财产，提高不良资产的处置效率。

5. 完善资管业务监管体系

《中国金融稳定报告（2017）》指出，对资管业务快速发展过程中暴露出的突出风险和问题，要坚持有的放矢的问题导向，从统一同类产品的监管差异入手，建立有效的资产管理业务监管制度。

（1）分类统一标准规制，逐步消除套利空间

针对影子银行风险，要建立资产管理业务的宏观审慎政策框架，完善政策工具，从宏观、逆周期、跨市场的角度加强监测、评估和调节。

同时，针对机构监管下的标准差异，要强化功能监管和穿透式监管，同类产品适用同一标准，消除套利空间，有效遏制产品嵌套导致的风险传递。

（2）引导资产管理业务回归本源，有序打破刚性兑付

资产管理业务回归"受人之托、代人理财"的本源，投资产生的收益和风险均应由投资者享有和承担，委托人只收取相应的管理费用。

资产管理机构不得承诺保本保收益，加强投资者适当性管理和投资者教育，强化"卖者尽责、买者自负"的投资理念。

加强资产管理业务与自营业务之间的风险隔离，严格受托人责任。逐步减少预期收益型产品的发行，向净值型产品转型，使资产价格的公允变化及时反映基础资产的风险。

（3）加强流动性风险管控，控制杠杆水平

强化单独管理、单独建账、单独核算要求，使产品期限与所投资资产存续期相匹配。

鼓励金融机构设立具有独立法人地位的子公司专门开展资产管理

业务。

建立健全独立的账户管理和托管制度，充分隔离不同资产管理产品之间以及资产管理机构自有资金和受托管理资金之间的风险。

统一同类产品的杠杆率，合理控制股票市场、债券市场杠杆水平，抑制资产泡沫。

（4）消除多层嵌套，抑制通道业务

对各类金融机构开展资产管理业务实行平等准入、给予公平待遇。限制层层委托下的嵌套行为，强化受托机构的主动管理职责，防止其为委托机构提供规避投资范围、杠杆约束等监管要求的通道服务，对基于主动管理、以资产配置和组合管理为目的的运作形式给出合理空间。

（5）加强"非标"业务管理，防范影子银行风险

强化对银行"非标"业务的监管，将银行表外理财产品纳入广义信贷范围，引导金融机构加强对表外业务风险的管理。

规范银行信贷资产及其收益权转让业务，控制并逐步缩减"非标"投资规模，加强投前尽职调查、风险审查和投后风险管理。

（6）建立综合统计制度，为穿透式监管提供基础

针对资产管理业务统计分散问题，加快建设覆盖全面、标准统一、信息共享的综合统计体系，逐支产品统计基本信息、募集信息、资产负债信息、终止信息。

以此为基础，实现对底层投资资产和最终投资者的穿透识别，及时、准确掌握行业全貌，完整反映风险状况。

6. 资管业务的未来发展

业内人士分析认为，未来我国资管行业将有以下几个发展趋势：

（1）多样化

现在各类资管机构的业务主要集聚在某些特定的产品上，比如信托主要集聚在固定收益类产品，基金公司则在证券投资方面做得更多。预计未来在股权投资方面的业务，比如 VC、PE 等主题以及并购类资产管理业务会不断呈现。

（2）基金化

现在很多资管计划还是采用一对一的投资方式，投资到一个企业或一个项目中去，这样不利于分散风险。而证券投资基金做得比较好，组合投资更容易分散风险，这种模式会在资管行业中越来越普及。

（3）全球化

目前，资管产品主要集中在国内市场，这样的基金只能分散国内的非系统性风险。如今，一些高净值、超高净值客户，对投资全球化的需求越来越高，希望在全球范围内分散风险，捕捉投资机会。

（4）智能化

从行业目前的探索来看，智能化可能也是资管发展的一个趋势。

（六）科创板试行注册制

2018 年 11 月 5 日，首届中国国际进口博览会于上海开幕。其间，国家主席习近平宣布，上海证券交易所将设立科创板并试点注册制，支持上海国际金融中心和科技创新中心建设，不断完善资本市场基础制度。本部分基于此项重大决策，首先从科创板、注册制概念出发，对科创板、注册制退出历史进行回顾，在比较科创板与主板、中小板、创业板和新三板的基础上，最后分析科创板试行注册制对宏观经济、A 股市场、企业以及投资者的投资理念等的影响。

1. 科创板改革

1.1 科创板的概念及特点

科创板是在上海证券交易所设立的，为具有"新技术、新产业、新业态、新模式"的特点，目前并不成熟但有极强发展潜力的中小企业，提供上市交易、融资的机会。科创板旨在补齐资本市场服务新科技的短板，是资本市场的增量改革，将在盈利状况、股权结构等方面做出更为妥善的差异化安排，增强对创新企业的包容性和适应性，并完善我国多层次资本市场体系。

科创板试点注册制，是我国股市制度推行注册制的一项重大变革。

此部分在"股市注册制改革"章节进行详细介绍。

1.2　科创板历史回顾

"科创板"概念最早于 2015 年 12 月 22 日，在上海股权交易中心被提出。科创板聚焦科技创新企业，挂牌条件较低。具体来看，上海股权交易中心的科创板挂牌条件分为"基础性挂牌条件"和"个性化挂牌条件"。企业在全部符合基础性挂牌条件的前提下，满足任意一项个性化挂牌条件，即可在上海股交所挂牌交易。

基础性挂牌条件如下：（1）属于科技创新型股份有限公司；（2）业务基本独立，具有持续经营能力；（3）最近一年（或一期）公司经审计的净资产不低于 300 万元；（4）不存在显著的同业竞争，显失公允的关联交易，额度较大的股东侵占资产等损害投资者利益的行为；（5）在经营和管理上具备风险控制能力；（6）公司治理结构完善，运作规范；（7）公司股权归宿清晰。

个性化挂牌条件如下：（1）最近一年内研发投入较大，并取得较为明显的技术突破；（2）拥有行业领先的投资技术；（3）具有创新的商业模式或属于新业态企业；（4）拥有有权机关批准的特许经营资质；（5）最近一年营业收入增长率不低于 30%；（6）最近一年营业外收入不低于 3000 万元，净利润不低于 300 万元，且持续增长；（7）最近一年营业收入不低于 3000 万元，资金流净额不低于 500 万元，且持续增长。

由此可以看出，上海股交所的"科创板"属于场外交易市场，与如今提及的上海证交所的"科创板"名称相同，实质上却有很大差异。

关于科创板合格投资者制度，证监会表示将指导上交所针对创新企业的特点，在资产、投资经验、风险承受能力等方面加强科创板投资者适当性管理，引导投资者理性参与。鼓励中小投资者通过公募基金等方式参与科创板投资，分享创新企业发展成果。

在上海股权交易所推出"科创板"前后，上海证券交易所曾计划设立名为"战略新兴板"的新板块。根据定义，战略新兴板是为推动尚未盈利但有一定规模的科技创新企业上市。但在 2016 年 3 月 14 日全国人大第四次会议对"十三五"规划纲要草案的修订中，删除了"设立战略性产业新兴板"的内容。

由此可初步推断,如今上海证券交易所将设立的"科创板"视为"战略新型板"的延续和发展。

1.3　科创板与中国多层次资本市场

目前我国多层次资本市场结构包括:(1)沪深交易所中的主板、深市中小板、创业板;(2)全国性场外交易市场,即新三板;(3)地区性的场外交易市场,即区域股权交易中心。科创板的设立是对我国多层次资本市场的创新和发展,是一项重大的改革创新决策。

本部分将着重比较科创板与主板、中小板、创业板和新三板之间的异同点。

主板市场是指传统意义的证券市场,是股票上市、交易的主要场所。主板市场在我国指上海证券交易所和深圳证券交易所。

中小板即中小企业板市场,可看做创业板的过渡。以"小盘"为最突出的特点,流通盘约为1亿元以下。中小企业板在深圳证券交易所设立,在中小板上市、交易的股票代码以002开头。

创业板又称二板市场,是与主板市场相区别的第二股票交易市场,是为暂时无法在主板上市的创业型企业、中小型企业、高科技企业等提供融资途径和成长空间的交易市场。创业板在深圳交易所设立,在创业板上市、交易的股票代码以300开头。

新三板又名全国中小企业股份转让系统,是主要针对中小微企业的非上市股份有限公司股权交易平台。不同于主板、中小板和创业板,新三板属于场外市场,即在新三板挂牌的企业一般不符合IPO条件。新三板为这些企业提供融资,助力企业快速成长。

笔者根据相关资料,整理主板、中小板、创业板和新三板的上市条件,如表2.6.1所示。

表 2.6.1　主板、中小板、创业板、新三板上市条件对比表

上市条件	主板/中小板	创业板	新三板
主体资格	依法设立且持续经营三年以上的股份有限公司	同主板	依法设立且存续满两年的非上市股份有限公司
股本条件	IPO 前总股本不低于人民币 3000 万元 IPO 后总股本不低于人民币 5000 万元	IPO 后总股本不低于人民币 3000 万元	挂牌前总股本不低于人民币 500 万元
财务条件	最近三年累计净利润超过 3000 万元；累计净经营性现金流超过 5000 万元或累计营业收入超过 3 亿元 无形资产与净资产比例不超过 20%	最近两年连续盈利，最近两年净利润累计超过 1000 万元，且持续增长 最近一年盈利，净利润不少于 500 万元，最近一年营业收入不少于 5000 万元，最近两年营业收入增长率均不低于 30%	无硬性财务条件，但要求主营业务明确，有持续经营能力
资产条件	最近一期末无形资产（扣除土地使用权、水面养殖权和采矿权等后）占净资产比例不高于 20%	最近一期期末净资产不少于 2000 万元	无硬性资产条件

资料来源：笔者根据相关资料整理。

　　笔者认为，上海科创板将成为继深圳创业板与北京新三板之后的一项为推动我国新兴企业发展所做的重大政策革新。三者相辅相成，完善多层次资本市场体系，推动我国经济又好又快发展。

　　从制度建设上来看，上海科创板将成为实行注册制的公众市场，而

主板、中小板与深圳创业板是实行核准制的公众市场，北京新三板是发行准入门槛低、近乎注册制的场外柜台交易市场。

场外市场参与人员较少，是小众群体，可不严格地比拟为批发市场；而公众市场参与人员众多，可比喻为零售市场。注册制下的零售市场是可自由摆摊的贸易集市，核准制下的零售市场是准入相对严格的大型购物中心。

我国急需要深圳创业板这样的购物中心，也需要像北京新三板的批发市场，还需要上海科创板这样的自由贸易集市。这三者是互补的，能够形成多层次的资本市场体系，能够共同推动中国实体经济的发展。

2. 股市注册制改革

在资本市场化程度不断提高的背景下，努力推进实施股票发行注册制已成为一种必然趋势。2013 年 11 月 15 日，《中共中央关于全面深化改革若干重大问题的决定》提出，健全多层次资本市场体系，推进股票发行注册制改革，多渠道推动股权融资，发展并规范债券市场，提高直接融资比重。这标志着我国的股市注册制改革开始起步。本部分基于这样的背景，首先从注册制的概念出发，然后对中国股票发行审核制度做一历史回顾，在此基础上分析注册制改革的现状以及注册制将会带来的影响。

2.1 注册制概念及特点

注册制是指证券发行申请人依照有关规定，将与证券发行相关的必要信息和资料全部公开，并以此制成正式的法律文件，提交给证券监管部门以备审查。证券监管部门所要做的仅限于对文件的真实性、准确性、完整性和及时性进行形式上的审查，而不是实质上的判断，即并不强制要求企业为高质量的企业，只要证券发行申请人信息披露齐全，即可注册上市。

股票发行注册制的两个最主要特点可以简单概括为形式审查和不作实质判断。形式审查即证券发行人只要按照证券管理机构规定履行信息披露义务，就可以注册上市。不作实质判断简单来讲就是，只要提交的文件材料真实，没有遗漏或者误导，就算所发行的证券投资价值为零，证券监管部门也没有权利进行干涉，还定价权于市场。

2.2 历史回顾

（1）股票发行审核制度历史回顾

回望历史，中国的新股发行审核制度大概经历了四个阶段的演变：额度管理（1993—1995年）、指标管理（1996—2000年）、通道制（2001—2004年）、保荐制（2004年至今）。其中，额度管理和指标管理同属于审批制，通道制和保荐制同属于核准制，具体如图2.6.1所示。

图 2.6.1　中国股票发行审核制度演进

资料来源：笔者根据相关资料整理。

了解了我国股票发行审核制度的基本演进之后，我们发现，目前我国还没有进入注册制阶段；而现在成熟的资本市场大多采取注册制，如美国、日本等。那么注册制、核准制以及审批制之间的区别究竟是什么？具体如表2.6.2所示。

表 2.6.2　三类发行审核制度比较

项目	注册制	核准制	审批制
立法理念	法律赋予的一般权利	政府授予的一项特权	政府授予的一项特权
审核原则	信息公开原则，对信息披露情况进行事后监管	实质性管理原则，强调监管审核	完全行政审批原则
审查内容	仅进行形式审查，不进行实质判断	须进行实质审查，判断是否核准申请	二级审核制

项目	注册制	核准制	审批制
审核主体	中介机构	中介机构	主管部门
审核效率	较高	相对较低	较低
透明度	相对较高，审核机构难以人为干预	相对较低，审核机构有较大裁量权	较低，完全行政审批
推荐主体	中介机构	中介机构	主管部门
代表市场	美国、日本、中国台湾	英国、德国、中国香港、中国（1999 年以后）	中国（1999 年以前）

资料来源：笔者根据相关资料整理。

（2）注册制改革历程回顾

2013 年 11 月 15 日，《中共中央关于全面深化改革若干重大问题的决定》提出，健全多层次资本市场体系，推进股票发行注册制改革，多渠道推动股权融资，发展并规范债券市场，提高直接融资比重。2015 年底，全国人大常委会审议通过了《关于授权国务院在实施股票发行注册制改革中调整适用〈中华人民共和国证券法〉有关规定的决定》（以下简称《授权决定》）。然而在 2016 年之后，注册制推进环境不成熟，进程缓慢。在 2018 年 2 月，又将其进程延至 2020 年。直到 2018 年 11 月，习总书记在中国国际进出口博览会进行了主旨演讲宣布：将在上海证券交易所设立科创板并试点注册制。详细的改革历程如表 2.6.3 所示。

表 2.6.3　A 股注册制改革历程

时间	内容
2013-11-15	《中共中央关于全面深化改革若干重大问题的决定》提出，推进股票发行注册制改革
2013-11-30	证监会发布《关于进一步推进新股发行体制改革的意见》，这是逐步向注册制过渡的重要步骤
2014-3-5	《政府工作报告》中提出，推进股票发行注册制改革
2014-5-9	"新国九条"发布，文件提出，积极稳妥推进股票注册制改革
2015-3-5	《政府工作报告》中提出，实施股票发行注册制改革

续表

时间	内容
2015-12-27	全国人大常委会审议通过了《关于授权国务院在实施股票发行注册制改革中调整适用〈中华人民共和国证券法〉有关规定的决定》（以下简称《授权决定》）
2016-3-1	《授权决定》（上述）自 2016 年 3 月 1 日起施行，实施期限为 2 年
2016-3-5	《政府工作报告》中，股票发行注册制改革未被提及
2016-3-17	创造条件实施股票发行注册制
2017-3-5	《政府工作报告》中，股票发行注册制改革未被提及
2017-4-24	《证券法》二审对注册制内容暂不做规定
2017-12-29	证监会就对十二届全国人大五次会议第 4001 号建议的答复中提到：为注册制改革创造相应的市场环境、制度环境和法制环境
2018-2-24	十二届全国人大常委会第三十三次会议审议通过了《关于延长授权国务院在实施股票发行注册制改革中调整适用〈中华人民共和国证券法〉有关规定期限的决定》，期限延长两年至 2020 年 2 月 29 日
2018-8-31	证监会就关于政协十三届全国委员会第一次会议第 0244 号［财税金融类 041 号］提案答复的函中提到：继续创造条件，积极推进股票发行制度改革
2018-11-5	习总书记在中国国际进出口博览会进行了主旨演讲，其中针对证券市场发布了一条重磅消息：将在上海证券交易所设立科创板并试点注册制

资料来源：笔者根据相关资料整理。

2.3　注册制改革现状分析

目前我国对新股的发行与上市均采用保荐制，即核准制的一种改进。保荐人对目标上市公司进行推荐，由券商进行辅助，通过证监会的实质审查之后方可上市。对比注册制，其实质相当于监管机构代替投资者对拟上市公司进行了一轮甄选，以保障市场健康和中小投资者利益。

既然保荐制能够很好地保护投资者的利益，那么为何我国还要创造条件实施注册制？这和当前保荐制的弊端有很大关系。保荐制的弊端主要包括以下几个方面。

一是超额募资屡见不鲜。在现行的核准制度下，由于企业证券的发行规模、发行频率等受到严格的控制，这样可能会导致很多企业排队都需要两三年且还不一定能排队等到，于是一种可以理解的怪象就会蔓延开来，因为体会到了上市的艰辛，所以一旦上市后，圈钱的动力就非常大。

二是一级市场定价畸高。由于在证券发行的过程中，一直起主导作用的是证券监管部门，这样就会使投资者理所当然地认为，证监会是新股发行的"隐性担保者"，从而往往低估投资风险，由于需求大于供给，市场很容易接受中介机构和上市公司合谋出的高价。

三是导致企业过度包装。正是由于审核的严格，大多数企业可能会为了顺利通过审核，有动力去粉饰财务数据，过度包装公司的资产等，从而导致市场的估值偏离。

四是权力寻租。在当前的审核制度下，上市资格无疑是一种罕见的"稀缺资源"，因为一旦上市就意味着获利能力的提升，所以在股票发行的审核中，很容易出现权力寻租现象。

五是发行效率低。由于企业申请上市需要提交许多文件来满足实质性审查的要求，审核流程较长，需要经过多个部门的认定，所以效率较低。举个例子，美国Facebook（脸书）在2012年2月1日向美国证监会申请上市，同年5月17日证监会即宣布注册生效，当天Facebook的股票即在交易所挂牌；从我国近年来的发行审核情况看，除去IPO（首次公开募股）暂停导致企业排队候审的时间，审核周期一般长达6个月以上，比之发达市场，我国审查程序效率较低。

3. 科创板试行注册制的影响

根据国际经验以及注册制固有的特征，我们可以预测科创板试行注册制的实施对各方面的影响，包括宏观经济、A股市场、企业以及投资者的投资理念等。

3.1　科创板试行注册制对宏观经济的影响

试行注册制的科创板旨在补齐资本市场服务科技创新的短板，其针对企业的行业、技术要求较高，在此基础上，笔者试图分析其对宏观经济有何影响：

（1）技术创新推动经济增长，科创板引领技术创新

新经济增长理论表明，劳动、资本和技术是经济增长的三大要素，而技术进步是经济增长的内生变量。科创板的推出说明我国对于新兴前沿高科技技术的重视，而创新作为促进提高技术水平的主要手段，能够极大地提高企业生产效率、经济发展质量和促进产业结构升级。另外，科创板未来上市的公司所处行业及其核心技术，将会成为我国未来发展变革的新的助推器。

（2）提供融资渠道，服务市场经济

开设新的以注册制为基石的科创板能够提供科技创新类众多企业的公开市场股权融资渠道，能够降低融资成本和实现市场定价两个渠道推动科技创新发展，能够通过直接助力广大科技创新企业融资和实现资本资源优化配置来有效服务实体经济。

3.2　科创板试行注册制对 A 股市场的影响

（1）完善我国资本市场结构，促进市场参与主体各司其职

开设科创板，可与主板、创业板、新三板共同形成我国多层次资本市场体系。随着科创板成立和注册制试点落地，几个市场之间既相互补充，又有所竞争。在注册制下，企业发行股票的时间和价格等不再受证监会约束，而是由市场决定，政府不再对企业资产的质量进行实质判断，真真切切还定价权于市场，政府做好监管的职责就好，可以促进市场各个主体分工明确、各尽其责。

（2）短期略有波动，长期稳定增长

科创板试行注册制，也许供给压力会在一小段时间里持续存在，导致股市的小幅波动，尤其对于主板高新科技公司市值、深证创业板和中小板、新三板的指数波动影响更大。但是从中长期来看，科创板可以成

为我国发展新业态、新模式、新产业、新技术等新经济和战略新兴产业的重要场所，率先试点注册制，为未来我国主板市场与国际接轨提供经验借鉴，与场内市场主板和创业板形成重要补充。随着注册制稳步推进，上市公司会得到进一步优化，创新型公司比重会逐渐增大，为股市长期的牛市奠定良好的基础。

（3）试行注册制将促进市场供求平衡

在注册制下，投资者和证券发行人之间会有多次重复的博弈，证券发行人会根据市场的需求状况制定入市策略，从而使打新市场从现在的不稳定走向平衡，促进合理定价。具体的供求平衡过程如图 2.6.2 所示。

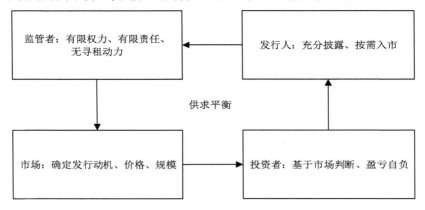

图 2.6.2　注册制下供求平衡过程

资料来源：笔者根据相关资料整理。

3.3　科创板试行注册制对企业的影响

（1）提高直接融资比例

目前，我国金融结构和经济结构严重不匹配。我国发展潜力最大的产业如高科技行业、人工智能、现代服务业等大都以重知识、轻资产为特点，然而目前的金融结构以银行间接融资为主，严重阻碍产业的有效升级。科创板试行注册制将会吸引更多拟上市公司，尤其是独角兽公司，同样可接纳从国外退市回来的公司。另外，这也会使中小高科技企业上市门槛以及成本降低，从而使我国企业的直接融资规模扩大，进一步使全社会的融资结构得到优化。

（2）激发企业创新活力

可以相信，在注册制下，由于为 VC（风险投资）、PE（私募股权投资）提供新的退出渠道，那么 VC 和 PE 都将全力支持创业公司种子期，降低小微企业在这一阶段的融资难度，摆脱融资困境，进一步激发企业的创新活力，同时有助于创投公司度过创投寒冬期。久而久之，在大批的新上市公司中，有活力、有前景的创新型公司将成为主力，加快我国经济结构转型的步伐。

3.4　科创板试行注册制对投资理念的影响

（1）A 股"壳"价值将降低

对于"壳"价值，在推出试行注册制的科创板的市场环境下，其市场供给将提高，从而使得 A 股"壳"价值降低。在逐步推行注册制的环境下，市场将起决定作用，市场会根据实际的供求情况进行调节，极大程度地避免现有的暴涨暴跌现象，降低对僵尸企业的过度炒作，真正实现优胜劣汰，降低乃至消灭"壳"价值，减少投机和寻租行为。

（2）降低打新热度

目前，科创板试行注册制，在可预见的未来，注册制将逐步被各资本市场所采用。注册制将还定价权于市场，这将有利于降低一级市场和二级市场之间的溢价水平，分化打新股、次新股行情，从而有利于降低投资者的打新热度。

（3）短期影响存量收益，长期可扩大增量投资范围

目前，试行注册制的科创板的退出对于投资的影响应分为两部分考虑：其一为目前已投入资金入市的投资者，可以预见短期内各资本市场将会略有波动，影响投资者收益；其二为还未入市的投资者，科创板预期将会上市更多新兴高科技企业或潜在的高回报型企业，这将为未来投资者基于不同风险偏好提供更多的投资可选项，扩大投资范围。

跋

    本书的写作为中国金融发展培养人才，本书的内容为中国金融改革建言献策。"允公允能、日新月异"不仅是南开大学的校训，也是本书观点的底蕴所在。

    密切结合中国金融实践，能够推动金融学的发展；锤炼分析实际问题的研究能力，能够培育中国金融发展的青年人才。中国金融要发展，既要重视资本，更要重视人才。本书的撰写和研讨是重要的金融教育改革实践，在提供学者视角的市场判断的同时，也在逐步培养中国金融的栋梁之才。

    此书由我和我的学生们共同创作完成，凝结了集体的汗水和智慧！在《中国金融变革和市场全景》一书的基础上，本书由我负责全书的统稿和修订；朱雨晨对互联网金融进行了分析；杨子越对 PPP 与资产证券化进行了分析；初婷分析了区块链与央行数字货币；孟佳音和周祥星对科创板改革和股市注册制改革进行了分析；武晨对股权质押进行了分析；伍房娣对资产管理进行了分析；王旭对股市波动性风险与防控进行了分析；王雪洁对债市波动性风险与防控进行了分析；梁玮对大宗商品市场波动性风险与防控进行了分析；高菊蔓对房地产市场风险与防控进行了分析；贾涵予对银行间同业拆借市场波动性风险与防控进行了分析；李孝琳分析了银行坏账风险与防控；张雅萱对系统性风险防控与金融稳定进行了分析；上述学生分别参与编写了相关章节的有关文字，武晨和孟佳音协助我整合并梳理了全书的文字。感谢中国工商银行董事、厦门大学经济学院院长洪永淼教授和北京大学经济学院院长董志勇教授的斧正和推介！

田利辉

2019 年 4 月